REISEN IN EUROPA

TOSKANA

Als ich vorgestern den Apennin hinunterfuhr und mich Florenz näherte, hatte ich starkes Herzklopfen. Wie kindisch! An einer Wegbiegung tauchte mein Blick schließlich in die Ebene, und ich sah in der Ferne die dunkle Masse von Santa Maria del Fiore … Das also ist die edle Stadt, die Königin des Mittelalters! In ihren Mauern wurde die Kultur wiedergeboren … Vor dem Livorno-Tor … sah ich viele Frauen, die vom Lande kamen, und ich bemerkte, daß sie sehr schöne Augen hatten; aber diese Gesichter verraten nichts von … dem leidenschaftlichen Wesen der Lombardinnen. Erhitzte Gemüter wird man in Toskana niemals finden, dafür aber Geist, Stolz, Vernunft und etwas leise Herausforderndes.

STENDHAL, Rom, Neapel und Florenz, 1817

Weingärten, Zypressen und Landhäuser: Toskanische Landschaft bei Pienza.

Das auf drei Höhenrücken errichtete Siena wird überragt von der Anlage des Doms Santa Maria.

REISEN IN EUROPA

TOSKANA

Fotos Hubert Stadler
Text Thomas Bremer · Eva Christina Vollmer

BUCHER

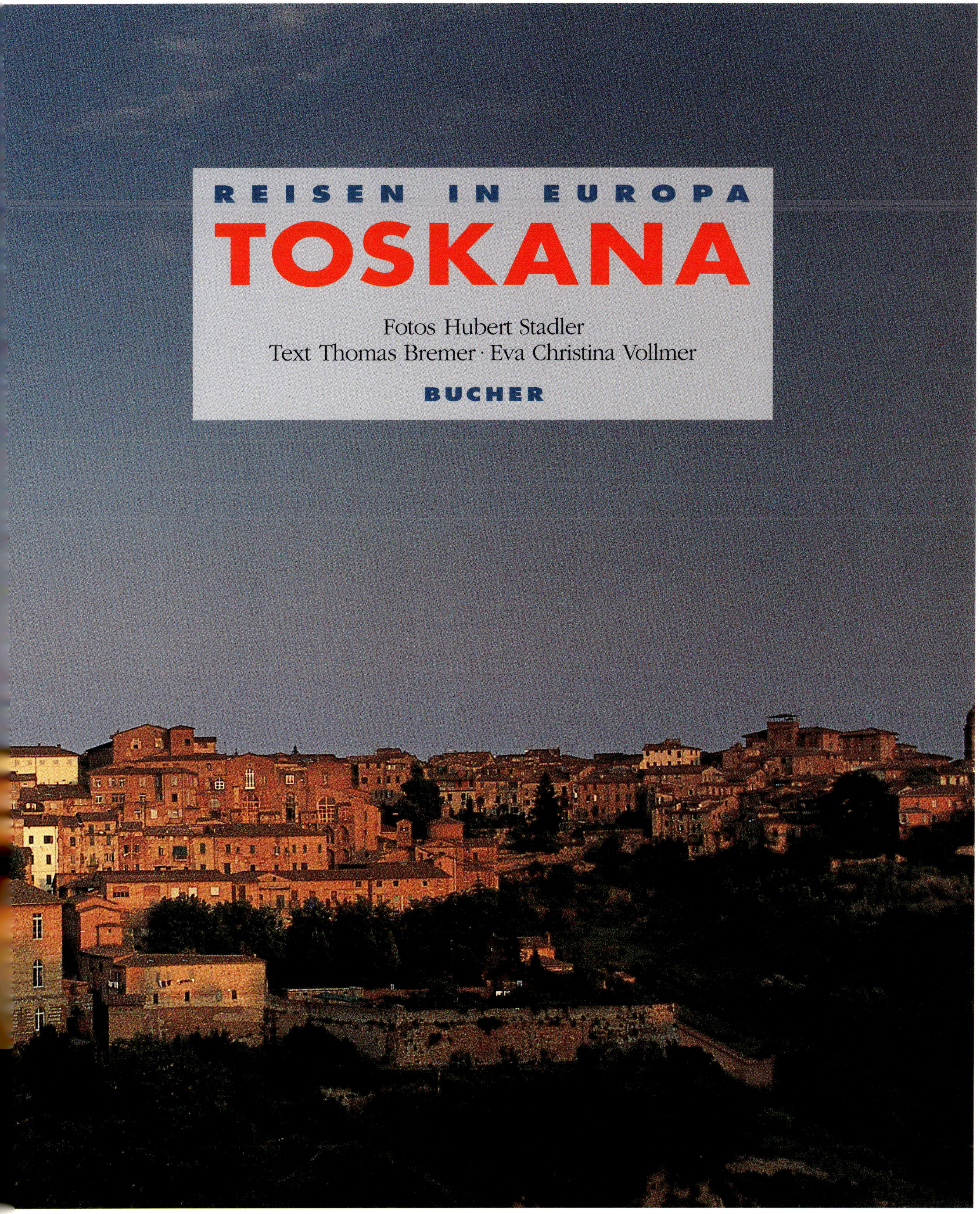

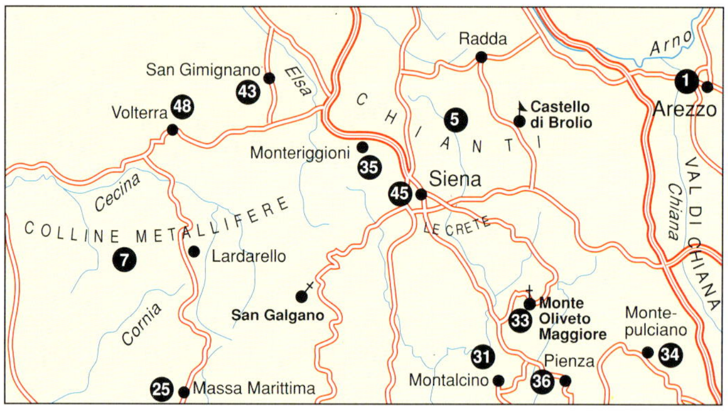

Links oben und unten: Siena bietet viele Plätze und Sitzgelegenheiten mit historischem Ambiente, die zum Ausruhen und Schwatzen einladen.

Links Mitte: Brunnen im kleinen Radda im Chianti.

Oben: Die älteste Arno-Brücke in Florenz, der Ponte Vecchio, ist mit Ladenzeilen überbaut.

Die vielen Kräuter der Crete südöstlich von Siena machen den Käse aus der Milch der hier weidenden Schafe besonders aromatisch.

DIE GEBURT DER MODERNEN KULTUR IM «GARTEN EUROPAS»

Don Alfo, Weinbauer im Pratomagno nördlich von Arezzo: Obwohl er schon weit über achtzig Jahre alt ist, schmeckt ihm ein Glas Grappa aus eigener Produktion immer noch.

EINE KULTUR DER STÄDTE

«Maledetti Toscani», «Verdammte Toskaner», hat der bekannte italienische Schriftsteller Curzio Malaparte seine erstmals 1956 erschienenen Skizzen zu jener Landschaft genannt, aus der er selbst stammte. Viele negative Eigenschaften seiner Landsleute zählt er auf – eigensinnig seien die Toskaner, stolz bis hin zur Arroganz, kompromißlos, hochmütig und schwierig –, aber natürlich verwandelt sich seine Kritik letzten Endes in eine Liebeserklärung. Denn die Toskaner seien so etwas wie das schlechte Gewissen Italiens, sie identifizierten sich mit ihrer Stadt, kurzum: «Italien ginge es besser, wenn es weniger Italiener und mehr Toskaner gäbe.» (*Siehe auch Seite 20*)

Wie alle Texte, die versuchen, die gesamte Bevölkerung eines Landes oder einer Region zu charakterisieren, stimmt das natürlich ein bißchen und zugleich auch wieder nicht. Aber zumindest eine Beobachtung ist sicher richtig: Die historische Entwicklung, die die Toskana genommen hat, ist von derjenigen der meisten Regionen Italiens verschieden, und sie ist auch anders als in der Mehrzahl der europäischen Länder.

Zwar besitzt die Toskana mit Florenz seit dem 16. Jahrhundert eine unbestrittene Hauptstadt, doch sind die größeren Orte lange eigenständige Stadtrepubliken und damit sowohl kulturell als auch politisch selbständig gewesen. Zu dem Zeitpunkt, als ein Großteil jener Kunstdenkmäler entstand, die wir heute in der Toskana bewundern können – nämlich zwischen dem 12. und dem 15. Jahrhundert –, gab es hier keinen Fürsten oder König, der wie in den meisten europäischen Regionen über das Land geherrscht und nur eine Stadt – natürlich seine Residenz – besonders reich ausgestattet hätte. In der Toskana wurden vielmehr die Städte selbst und ihre reichen Adelsfamilien zu Auftraggebern von Bauten und Kunstwerken, ja sie standen mit der jeweils nur wenige Kilometer entfernten Nachbarstadt in heftiger Konkurrenz um Pracht und Schönheit der Ausstattung.

Dies ist der Grund, weshalb sich heute eine solche Fülle von bedeutenden Kunstschätzen auf engstem Raum drängt; Florenz und Pisa, Siena und Arezzo, Grosseto und Volterra sind jeweils weniger als 100 Kilometer voneinander entfernt. Und während es in Paris, wie wir aus der neueren Stadtgeschichtsforschung wissen, keine einzige Familie gibt, die länger als 100 Jahre in ein und demselben Haus wohnte, ist für Florenz, aber auch für andere Städte der Toskana, eine ganze Reihe von Adelsgeschlechtern belegt, die seit dem 13., spätestens aber seit dem 15. Jahrhundert ihren Palast halten konnten und ihn zum Teil sogar bis heute bewohnen.

Erst nach der entscheidenden Schlacht von 1555, als – im Rahmen der größeren Auseinandersetzung zwischen Frankreich und Spanien um die Vorherrschaft in Europa – Siena (mit Frankreich verbündet) im Kampf gegen die vereinigten Heere von Florenz, Mailand und

Der Dom Santa Maria Assunta in Pienza verbindet Stilmittel der Renaissance mit denen der italienischen und der nordischen Gotik (siehe auch Seite 68).

Links: Die Libreria Piccolomini in Siena wurde 1495 vom späteren Papst Pius III. gestiftet und dem Dom seitlich angefügt. Zwischen Fresken des frühen 16. Jahrhunderts steht in ihrer Mitte eine römische Kopie der «Drei Grazien» nach griechischem Vorbild.

Rechts: Skulpturen, die früher die Domfassade zierten, in der Opera Metropolitana, dem Dommuseum von Siena.

Spanien unterlag und seine Unabhängigkeit verlor, geriet die ganze Toskana unter den Einfluß von Florenz und des inzwischen dort herrschenden Geschlechtes der Medici, deren Einfluß übrigens noch heute an vielen Stellen der Stadt unmittelbar zu erkennen ist: Das Familienwappen mit den sechs Kugeln findet sich über dem Portal zahlreicher Florentiner Gebäude. Die Tradition der teils miteinander verfeindeten, teils verbündeten kleinen Stadtstaaten hatte sich als nicht mehr zeitgemäß erwiesen.

Aber erst 1743, sechs Jahre nach dem Tod des letzten männlichen Medici, kam die inzwischen zum Großherzogtum gewandelte Region unter die Herrschaft der österreichischen Habsburger, unter denen es sich zu einem Musterstaat der Aufklärung entwickelte – bis das Land dann Mitte des 19. Jahrhunderts Teil des geeinten Königreichs Italien wurde. Für sechs Jahre, von 1865 bis 1871, war Florenz sogar italienische Hauptstadt; König Vittorio Emanuele residierte im Palazzo Pitti. Erst danach wanderte das politische Zentrum Italiens südwärts, nach Rom, wo der Papst von den Truppen Garibaldis endgültig auf den Vatikan zurückgedrängt und damit als weltlicher Herrscher weitgehend entmachtet worden war.

Das kleine Lucca übrigens bestand bis kurz vor diesem Zeitpunkt (1847) noch: Es war die letzte unabhängige Stadtrepublik; sogar Napoleon hatte das 1799 respektiert und Lucca zum Fürstentum erklärt.

HÜGEL, BERGE, MEER

Reisen nach Italien sind immer auch Reisen in die Geschichte. Natürlich kann man Landschaften und Kunstwerke betrachten, ohne etwas von der Geschichte und den sozialen Bedingungen ihrer Entstehung zu wissen. Verstehen kann man ihren inneren Zusammenhang, der in Italien vielleicht noch größer, zumindest aber bis heute präsenter ist als in anderen Ländern Europas, ohne ein Mindestmaß an historischer Information sicherlich nicht.

Auch für das Selbstbewußtsein der Toskaner, das der eingangs zitierte Curzio Malaparte in seinen Skizzen so nachdrücklich schildert, spielt das eine Rolle: Das Bewußtsein, in einer der zentralen Kulturlandschaften Europas zu leben, in der Tradition Dantes und Boccaccios, Leonardos, Michelangelos und Galileis. Und wo sonst in Europa gibt es eine ganze Region, deren Innenstädte noch heute so von den städtebaulichen Vorstellungen des 13. und 14. Jahrhunderts geprägt sind und in denen trotzdem das Leben seinen modernen Gang geht?

Die Eigenart der Toskana wird jedoch nicht nur durch den Reichtum ihrer Kunstschätze, sondern ebensosehr durch die Natur, in die diese eingebettet sind, bestimmt. Mit der Toskana verbindet sich natürlich die Vorstellung von Florenz mit seinem Dom (*siehe Seite 45*) und den Uffizien, von Lucca mit seiner bis heute intakten mittel-

Selbst in der überreichen Innenausstattung des Sieneser Doms fällt die Marmorkanzel ins Auge, die Nicola Pisano zwischen 1266 und 1268 gestaltete; neben anderen assistierte ihm dabei sein Sohn Giovanni.

alterlichen Stadtbefestigung, vom Schiefen Turm (*siehe Seite 71*) und der ihn umgebenden Domanlage in Pisa, von San Gimignano und seinen Geschlechtertürmen und dem «Palio», den Reiter- und Fahnenschwingerspielen auf dem muschelförmigen Platz vor dem Rathaus in Siena, von weniger bekannten, aber ebenso sehenswerten Städten wie Volterra oder Empoli, Prato oder Arezzo ganz abgesehen. Aber zur Toskana gehört untrennbar eben auch die Erfahrung der Landschaft, die rhythmische Abfolge von hintereinander gestaffelten sanften Hügeln mit ebenmäßigen Konturen und den diffusen Farbabstufungen vom Gelblichbraun und Blaugrau des Bodens und der Bauernhäuser aus Bruchstein, dem Schwarzgrün der Zypressen (die allerdings eigentlich aus Griechenland stammten, bevor sie in der Toskana heimisch wurden) und dem silbrigen Farbton der Olivenblätter. Im 19. Jahrhundert hat man diese Gegend – von Florenz bis zum Tyrrhenischen Meer – den «Garten Europas» genannt.

Erst bei genauerem Hinsehen erkennt man dann, daß hinter den sanften Übergängen, die alle Gegensätze mildern, das Landschaftsbild viel stärker differenziert ist, so daß man im Grunde bei jedem, der von sich sagt, er fahre in die Toskana, zurückfragen müßte: «In welche?»

Denn die Hügellandschaft um Siena unterscheidet sich deutlich von den Hügeln und langgestreckten Tälern des Chianti-Gebietes und nochmals von der Gegend um Volterra; einmal handelt es sich um Lehmberge mit nur geringem Bewuchs, das andere Mal um mit Macchiagewächsen und Gestrüpp bedecktes Gelände, während das dritte intensiv landwirtschaftlich genutzt wird.

Die Gegend des Chianti-Gebietes ist Bauernland mit Wein- und Olivenanbau, ursprünglich in Terrassenbauweise, heute, nach der Landwirtschaftskrise der sechziger Jahre, häufig mittels der Planierraupentechnologie entlang von Betonpfaden gemäß den Gesetzen des Großflächenanbaus genutzt. Bei Siena sind die Crete («creta» wie Ton-, Lehmboden) weit weniger stark bewachsen, so daß einzelne Bäume und Baumgruppen im Panorama deutlich hervortreten. Es ist dies die Landschaft, karg und unwirtlich, die auf den frühen Bildern der Sieneser Malerschule mit ihren Darstellungen des frühstädtischen Lebens im Hintergrund zu sehen ist. Bei Volterra hingegen und in der östlichen Toskana, im Übergang nach Umbrien, sind die Böden zerklüftet, gar nicht mehr lieblich und stark erosionsgefährdet. Berühmt sind die «balze», die Erdbrüche bei Volterra, deren Steilwände fast senkrecht abfallen und in die im 17. Jahrhundert eine Kirche samt Klostergebäude und ein erheblicher Teil einer etruskischen Stadtbefestigung abgestürzt sind. Noch heute existieren darüber zahlreiche Volkssagen, zumal das Gestein hier immer weiter arbeitet und die Schlucht sich durch Erosionen ständig vergrößert.

Der «Palio» von Siena findet jährlich Anfang Juli und Mitte August statt. Diesem Wettstreit zu Pferde zwischen den siebzehn Stadtteilen, der seit 1147 zu Ehren der Jungfrau Maria veranstaltet wird, geht ein farbenprächtiger Umzug voraus. Nicht nur die Sieneser, sondern Tausende aus ganz Italien und dem Ausland jubeln dabei den berühmten Fahnenschwingern (oben) und den prächtigen Festwagen (Mitte) zu. Und mancher Teilnehmer scheint gerade einem Renaissancegemälde entstiegen (unten).

Aber noch nicht einmal das ist die ganze Toskana. Zu den unterschiedlichen Hügellandschaften kommen noch die Bergregionen hinzu: Am Apenninabhang sind sie bis zu 2000 Meter hoch, und zum Beispiel dort, wo die alte Handelsstraße von Bologna über den Futapaß schließlich bei Prato endet, erheben sie sich immer noch auf nahezu 1000 Meter. «Trunkene, kalkige Rücken der Berge, / stumme Szenerie, die du geliebt wirst vom stummen Mond, / lau über den Wiesen von Lucca», so heißt es im berühmtesten Gedicht des 1975 ermordeten Dichters und Filmregisseurs Pier Paolo Pasolini, in «Gramscis Asche», über diese Gegend.

Mitten in der Toskana, über 1700 Meter hoch: Der Monte Amiata, von der Bevölkerung meist nur «der Berg» genannt, ein erloschener Vulkan mit der schon von den Langobarden vor 800 gegründeten Abtei San Salvatore auf halber Höhe und von Siena aus gut zu sehen – heute ein wichtiges Naturschutzreservat. Und dann die Ebene: Zwischen Marina di Massa und Orbetello, dort, wo abschnittsweise ein Campingplatz an den nächsten stößt, geht die Hügellandschaft über in die Küstenregion, vor der – neben einer ganzen Anzahl kleinerer Inseln – Elba liegt. 70 Prozent des Territoriums der Toskana werden als Hügelland eingestuft, ein Fünftel der Region ist bergig bis gebirgig und zehn Prozent liegen in der Ebene.

TOSKANISCHE LANDSCHAFT UND KULTUR

Landschaft und Kultur hängen in der Toskana eng zusammen, bedingen ihr Erscheinungsbild gegenseitig. Zwei Dinge sind in diesem Zusammenhang bemerkenswert, und beide führen sofort wieder zurück in die Geschichte. Die erste erstaunliche Erfahrung ist nämlich, daß die Toskana keineswegs schon immer als attraktives Reiseziel gegolten hat: Wiederum erweist sich, daß Natur und Kunst keine festen, unveränderlichen Begriffe sind, sondern daß sie ebenso wie alle anderen Vorstellungen einem historischen Wandel unterliegen.

In der Toskana hat sich schon früh ein kommerzielles und von den Klöstern unabhängiges Beherbergungssystem herausgebildet. Die erste Zunft von Weinausschank- und Herbergsbesitzern findet sich 1281 in Empoli; seit 1337 existieren genaue Vorschriften für geeichte Maße im Herrschaftsgebiet von Montepulciano, wo die Gaststätten nach dem dritten Glockenschlag schließen und den Gästen beim Betreten des Hauses alle Waffen abgenommen werden mußten. In Florenz gab es 1353 immerhin 235 in die Zunftrolle eingetragene Wirte, und in Siena, wo alle Unterkünfte zur klareren Unterscheidung Namen tragen mußten, sind diejenigen «Zum Stern», «Zum Mönch», «Zum Schwert» und «Zum Adler» neben einigen anderen aus den Steuerlisten bekannt.

Die «Rennbahn» auf der Piazza del Campo ist für den «Palio» zwar mit Sand aufgeschüttet worden, doch es kommt immer wieder zu spektakulären Stürzen. Drei Runden müssen die Vertreter der Stadtteile hier ohne Sattel bewältigen, und sportliche Fairness gilt von jeher nichts: Jede Behinderung ist erlaubt. Noch Tage nach dem «Palio» feiert der siegreiche Stadtteil lautstark und zeigt seine Farben in ganz Siena.

So stolz wie schon vor 700 Jahren präsentieren sich die Wohn- und Wehrtürme von San Gimignano dem Betrachter noch heute.

Blick vom Castello di Brolio (siehe auch Seite 36/37) über die ganz von Weingärten bestimmte Landschaft des südlichen Chianti.

Den karg bewachsenen Hügeln der Crete bei Siena geben Zypressenreihen einen strengen Reiz.

Ob nun in den Crete (oben und unten) oder weiter im Süden bei Montepulciano (Mitte): Die Farben der Toskana sind nie intensiv – im Bereich der Gelb-, Braun- und vor allem der Grüntöne aber von unglaublichem Variationsreichtum.

Als – wesentlich später – die ersten Besichtigungs- und Erholungsreisen in einem mit der heutigen Situation wenigstens ansatzweise vergleichbaren Sinne entstanden, war die Toskana jedoch selten das Ziel. Die «klassische» Italienreise führte nach Mailand, an die oberitalienischen Seen, nach Venedig und dann nach Rom und Neapel; die Bauten des Mittelalters galten hingegen als barbarisch, die der Florentiner Frührenaissance im Vergleich zu den Zeugnissen der Hochrenaissance als nicht sehenswert und die Landschaft ohne spektakuläre Höhepunkte als viel zu sanft und geradezu langweilig. Von Goethe stammt der Ausspruch, Florenz sei nicht das, was er sehen wolle; er eilte «so schnell heraus als hinein». Der deutsche Reisende von Archenholtz schrieb 1785 über Florenz, wer ganz Europa bereist habe, könne «unmöglich von der Schönheit dieser Stadt mit übermäßiger Bewunderung» sprechen. Und auch die Landschaftsmalerei des frühen 19. Jahrhunderts suchte und fand ihre Bildmotive in der römischen Campagna und am Golf von Neapel und keineswegs in der Toskana.

Was uns heute als die ideale Mischung aus sanfter Landschaft und den wichtigsten Kulturschätzen Italiens erscheint, wird in dieser Form erst seit dem 19. Jahrhundert, im Grunde erst seit dem Beginn des 20., wahrgenommen. Zuvor galt die Toskana lediglich als Durchreiseweg nach Rom und nicht einmal als der bequemste (meist wurde der Weg entlang einer der Küsten bevorzugt), und noch bis 1860 war die Strecke zwischen Siena und Rom die verrufenste in ganz Italien. Ähnlich wie in Deutschland das legendäre Wirtshaus im Spessart war jedem europäischen Reisenden das Gasthaus von Radicó fani dem Namen nach vertraut, dort, wo hinter dem Amiata-Massiv die Toskana langsam nach Latium übergeht: Dutzende von Reisenden sind hier angeblich spurlos verschwunden, und hinter jedem Felsvorsprung erwartete man einen Briganten, der mit langer Flinte und verwegener Mütze darauf aus war, die Kutsche auszurauben. Der Anblick der Landschaft lohnte der allgemeinen Meinung nach solche Risiken jedenfalls kaum.

Auch die zweite Beobachtung ist unmittelbar mit dem spezifischen Landschaftsbild der Toskana verknüpft. Zwangsläufig fragt man sich, warum die Landschaft hier so kleinteilig, so gartenähnlich angelegt ist, und warum die Gehöfte außerhalb der Stadtanlagen meist so auffallend weit auseinander stehen.

Auch dies ist keineswegs ein Zufall, sondern hat vielmehr mit einer Eigenart des mittelalterlichen Landbaus in der Toskana – und damit auch wieder mit der dortigen Stadtkultur – zu tun. Denn anders als fast überall sonst in Europa hat es in der Toskana kein Feudalsystem gegeben, bei dem die Bauern Leibeigene und dem Grundherrn so gut wie rechtlos ausgeliefert waren. Die Landbesitzer der Toskana waren vielmehr stets die Adligen oder reiche

VON DEN TOSKANERN UND IHREM LAND

Drei Jahrhunderte erzählen

Anders als die Anderen

Curzio Malaparte charakterisierte seine Landsleute 1956 mit mehr Engagement als Distanz – eben richtig als «Toskaner»:

Ist es schwierig, Italiener zu sein, so ist es besonders schwierig, Toskaner zu sein: viel schwieriger als Lombarde, Piemonteser, Abruzzeser, Römer, Neapolitaner oder Franzose, Deutscher, Spanier, Engländer. Nicht etwa, weil wir Toskaner besser oder schlechter als die anderen, Italiener oder Fremde, sind, sondern weil wir Gott sei Dank anders sind als die anderen Völker:

etwas ist in uns, ist tief in unserem Wesen, in unserer Natur, etwas, das verschieden ist von dem, was die anderen in sich haben. [...] Einem Toskaner gegenüber verspüren alle ein Unbehagen. Ein Schauer fährt ihnen ins Gebein, kalt und spitz wie eine Nadel. [...]

Es genügt, daß sich im Publikum ein Toskaner mit seinem unmerklichen Lächeln um die Mundwinkel befindet, und augenblicklich verwirrt sich der Redner, das Wort zerrinnt ihm im Munde, die Geste gefriert noch halb in der Luft.

Ein General spricht zu seinen Soldaten vom Ruhm, von Heldentod, vom «untrennbaren Wohl von König und Vaterland». Wenn unter den Soldaten dort hinten in der letzten Reihe ein Toskaner steht und ihn anblickt, beginnt der General sofort zu stottern, stößt den Degen zurück in die Scheide, rollt die Fahne ein und geht von hinnen. Hier muß gesagt werden, daß die Italiener Schlachten nur dank dem ironischen Lächeln dieses toskanischen Soldaten, dort hinten [...] gewinnen. Wenn dieses Lächeln nicht zugegen ist und die Generäle auf Trab bringt, geschieht, was geschehen muß. [...]

Daß alle Italiener intelligent sind, daß aber die Toskaner bei weitem intelligenter sind als alle anderen Italiener, ist etwas, was alle wissen, was aber nur wenige zugeben wollen. Ich weiß nicht, ob aus Eifersucht oder aus Unverstand dessen, was eigentlich Intelligenz ist: welche nicht Schlauheit bedeutet, wie man gemeinhin in Italien glaubt, sondern eine Art, mit dem Geist die Dinge zu umfassen, sie zu begreifen also und sie zu durchdringen, während Schlauheit lediglich das bedeutet, was ein Augenzwinkern im Vergleich zum steten Blick ist. Und wer wird bestreiten, daß wir Toskaner mit den Augen des Geistes bis auf den Grund der Dinge zu dringen und uns drinnen umzusehen vermögen? [...] Daß wir die Intelligenz wie Blütenstaub auf die Steine übertragen und daraus Kirchen und Paläste, männliche Türme und weibliche Stadtplätze entstehen lassen? [...]

So ist es ein großes Glück für alle in Italien, daß die Toskaner intelligente und somit freie Menschen sind. [...]

Von Wirten, Bädern und Trinkkuren

Der französische Aristokrat Michel de Montaigne nutzte schon um 1580 die Heilwirkung der toskanischen Thermalquellen und hat aufgezeichnet, wie es damals im heutigen Bagni di Lucca zuging:

Mein Wirt nennt sich Kapitän Paulini und er ist auch wirklich einer. Er vermietete an mich einen Saal, drei Schlafzimmer, eine Küche und Zubehör für unsere Leute; wir hatten acht Betten, darunter zwei mit Betthimmel. Er lieferte das Salz, täglich eine Serviette, alle drei Tage ein Tischtuch, sämtliches eisernes Gerät für die Küche und Kerzenhalter, und erhielt dafür elf Taler, etwas mehr als zehn Pistolen für zwei Wochen. Töpfe, Schüsseln und Teller, die hier irden sind, kauften wir selbst, ebenso Gläser und Messer. Fleisch ist reichlich da, Kalb- und Geißenfleisch. Andere Sachen sind seltener. [...] Der Wein ist hier recht schlecht, doch kann man sich welchen aus Pescia oder Lucca herbeischaffen lassen.

Ich traf als erster ein, von zwei bolognesischen Edelleuten abgesehen, die aber ohne großes Gefolge kamen: so hatte ich freie Wahl und, wie mir versichert wurde, billigere Preise als wenn ich zur Zeit des großen Zuspruchs gekommen wäre, der

Links: Ist das «der» Toskaner, wie Malaparte ihn charakterisiert? Jedenfalls hat er jenen Blick, der entschieden verunsichert.

Unten: Neben Bagni de Lucca, über das Michel de Montaigne schrieb, gibt es in der Toskana noch etwa zwei Dutzend vielbesuchte Thermal-Kurorte. In einigen davon sind im Lauf der Zeit repräsentative Bauwerke für den Badebetrieb entstanden, die dem gesellschaftlichen Leben während der Kur Auftrieb geben, so in Montecatini Terme (Foto von 1935).

Oben: Flanieren unterm Sonnenschirm gehörte zum Sommeraufenthalt auf einem toskanischen Landgut; den Arbeitern genügte ein praktischer Hut.

Rechts: Bei der harten Arbeit während der Ernte, wie hier in Calcinaia, war die Landbevölkerung dann natürlich unter sich.

bedeutend sein soll; doch fängt er gewöhnlich erst im Juni an, um bis in den September zu dauern: im Oktober wird das Bad leer, höchstens daß man dann noch zur bloßen Erholung hingeht. [...] Es gibt hier Gelegenheit zur Badekur und zur Trinkkur. Das Bad ist bedeckt, gewölbt und ziemlich dunkel, halb so breit wie mein Saal in Montaigne. Auch eine Auslaufvorrichtung ist vorhanden, eine sogenannte doccia; sie besteht aus Röhren, unter die man sich stellt und aus denen dann unaufhörlich heißes Wasser auf die verschiedenen Körperteile, zumal auf den Kopf sprudelt und die betreffende Stelle gehörig bearbeitet. [...] Die Frauen benützen ein anderes Bad, das ebenso überwölbt und dunkel ist. Es wird von einer Quelle gespeist, von der man auch zum Trinken schöpft; [...]

Das ländliche Leben bei Florenz

Villen und Güter auf dem Land hatten die meisten toskanischen Adligen immer schon. Die Engländerin Lady Morgan war im Jahr 1821 als Gast auf solch einem Landsitz in der Toskana:

Die Häuser des toskanischen Adels, werden öfters durch die Vernachlässigung ihrer Geschäfte, und durch das unbegrenzte Vertrauen, welches sie ihren Intendanten schenken, zu Grunde gerichtet. Diese mischen sich in alle [...] Angelegenheiten, welche die [...] Güter, Wein- und Ölberge, die nur selten von den Eigentümern besucht werden, betreffen. [...]

Es gibt wenig Adlige, die nicht zwischen vier bis acht Villa's (Landhäuser), in verschiedenen Entfernungen von der Hauptstadt, besitzen; ihre große Leidenschaft zu bauen, entstand aus politischen Gründen, indem die Macht und das Ansehen eines alten Florentiners von den zahlreichen Verzweigungen einer glücklichen, einigen Familie, von deren Talenten, Industrie, geselligen und politischen Verbindungen der Brüder, Neffen, Enkel, abhing. Was indes zum Wohle des Ganzen gedient hatte, verkehrte sich in Mißbrauch, da die Anzahl unbewohnter Villa's, durch die Verarmung ihrer Besitzer, dem Verfalle preisgegeben waren. Von den Toren von Florenz, bis zu den Appenninen, wie bis an die Römischen Grenzen, bieten sich dem Auge viele solcher romantischen Ruinen [...] dar, die zuweilen noch bewohnt werden, die aber nichts destoweniger [...] vernachlässigt aussehen. Ja sogar mit den Königlichen Landhäusern ist es nicht besser. [...]

Obgleich die Sonne noch das Tal des Arno beschien, so ließ Signore Ginori das Haus mit Wachslichtern erleuchten, und erlaubte den Landleuten und Manufakturisten, hereinzukommen. [...] Bei einbrechender Nacht kamen vornehmere Gäste von benachbarten Villas: Edelleute, und reiche Pächter der angrenzenden Poderi (Landgüter), eine Klasse von Menschen, welche fröhlicher, ungezwungener und gastfreier leben, als die adligen Bewohner der Villas. Erfreulich war es, alle Mütter mit ihren Töchtern kommen zu sehen, wovon einige noch Kinder, andere in dem reizenden Alter waren, welches die Gesellschaften in England verschönert und belebt. Wenn man ihre schönen Italienischen schwarzen Augen vor Freude glänzen, und ihre Gesichtsfarbe durch den lebhaften Tanz gerötet sah, so konnte man nicht umhin, einen Vergleich zwischen ihnen und den bleichen, trüben Signorinen anzustellen, welche zu Florenz traurig aus den hohen Palästen ihrer vornehmen Eltern blicken. Der Ball wurde mit dem Trescone, dem Nationaltanz der Toskaner [...] eröffnet. Die Edelleute, Handwerker und Bauern, welche sich mit den Kindern jedes Ranges vermischten, gaben diesem Balle ein fröhliches, lebendiges Ansehen.

Die romanische Kirche der Benediktinerabtei Sant' Antimo bei Montalcino ist aus gelbem Travertin erbaut und leuchtet dem Besucher schon von weitem entgegen. Erwähnt wurde das Kloster erstmals 813.

Auch als Ruine noch imposant ist die im 13. Jahrhundert errichtete Kirche von San Galgano, der größten Zisterzienserabtei Italiens, südwestlich von Siena.

Berühmt für ihren Freskenzyklus zum Leben des Ordensgründers ist die Benediktinerabtei Monte Oliveto Maggiore, die sich als Backsteinbau auf einem Lehmrücken der Crete erhebt.

Eindrucksvolle Tier- und Pflanzendarstellungen, Schachbrett- und Flechtbandmuster schmücken die Kapitelle im hoch aufsteigenden Kirchenschiff von Sant' Antimo und finden sich ebenso in der Außendekoration.

Händler in den Städten, die im allgemeinen dort ihr finanzielles Auskommen hatten, denen es infolgedessen auch nicht so sehr auf hohe Abgaben ankam, sondern vor allem darauf, ihre eigene Lebensmittelversorgung und die der Stadt zu sichern. Dafür waren sie im Gegenzug sogar bereit, in die Landwirtschaft Kapital zu investieren.

Das führte bereits früh, etwa im 12. Jahrhundert – an manchen Orten schon früher, an manchen, etwa in Prato, auch erst später – zum System der «mezzadria», des Halbpachtsystems: Zwar mußte der Bauer ungefähr die Hälfte seiner Erträge abliefern, doch war er sozusagen halbfrei. Was er über den Pflichtteil hinaus erwirtschaftete, konnte er selbst verwenden oder auf den Märkten verkaufen. Der Grundbesitzer stellte den Boden, das Haus, Saatgut und Ackergeräte, der Pächter hingegen seine Arbeitskraft; er bearbeitete den Boden und rechnete den Ertrag ab. Außergewöhnliche Ausgaben (zum Beispiel die Gatter für das Vieh) wurden üblicherweise geteilt.

Mit dieser Neugestaltung der Landwirtschaftsverhältnisse ging eine Umformung der Siedlungsstruktur einher. Die alten Dorfformen, die aus der Zeit der spätrömischen Latifundien und der langobardischen Besetzung stammten, verschwanden; die neuen Grundeigentümer setzten das Haus ihres Pächters mitten in das «podere» (Landgut), das er verwalten sollte. Zugleich verschwanden die reinen Monokulturen, die eine Zeitlang vorherrschend gewesen waren, und machten einer Mischlandwirtschaft Platz, die aus Ölbaum, Wein und Weizen bestand, was eine gute Bodenausnutzung ebenso sicherte wie eine günstige Arbeitsverteilung für die Bauernfamilie über das ganze Jahr. Einem spätmittelalterlichen Besucher der Toskana, etwa aus Deutschland, mußten diese Zustände als Schlaraffenland erscheinen: Wo er zufrieden war, wenn unter seinen Bäumen noch ausreichend Gras für das Vieh wuchs, gab es hier eine Terrassenkultur, auf der auf ein und derselben Fläche neben Waldbäumen wie der Korkeiche auch noch Obst- und Ölbäume, unter ihnen Weinstöcke und Beerensträucher und noch zusätzlich Weizen und Gemüse gediehen. Seit dem 15. Jahrhundert errichteten die reichen Städter hier ihre Landhäuser und Villen, die es ihnen erlaubten, in der Sommerhitze die Stadt zu verlassen und im Herbst auf die Jagd zu gehen. So war von ihnen, auch wenn sie vom Ackerbau selbst nicht notwendigerweise viel verstanden, gleichsam «unter der Hand» die gesamte Landwirtschaft der Region verändert und den städtischen Bedürfnissen angepaßt worden.

Übrigens war der Landbau durch die enge Bindung an die städtischen Besitzer mit ihren internationalen Handelskontakten experimentierfreudig wie selten sonst in Europa: Brachten etwa die Spanier exotische Früche aus der Neuen Welt mit, so wurde bald versucht, ob sie sich nicht auch in der heimischen Region anbauen ließen. Die ersten Kartoffelkulturen der Toskana sind schon im

Jahr 1584 nachgewiesen, während der Anbau von Tabak, den Jean Nicot (von dessen Namen die Bezeichnung Nikotin abgeleitet ist) eingeführt hatte, bald wieder aufgegeben werden mußte. Auch der Anbau des südamerikanschen Kakaobaums, dessen Samen 1520 nach Spanien gebracht worden waren, erwies sich als Fehlschlag, aber 1592 konnte man in Florenz den ersten, wenn auch importierten Kaffee trinken; und die empfindliche Kamelie wurde von dem aus Siena stammenden Jesuitenpater Camelius von den Philippinen mitgebracht und ohne Schwierigkeiten in den toskanischen Gärten heimisch.

Anghiari, ein ehemaliges Kastell im oberen Tiber-Tal, ist geographisch und kulturell schon sehr dem benachbarten Umbrien verbunden.

DER URSPRUNG DER STÄDTE

Aber zu klären bleibt zunächst, warum es überhaupt toskanische Stadtstaaten gab. Wie vollzog sich ihr Aufstieg? Und wie lebte man in ihnen? Auch dies war das Ergebnis eines langen und komplexen Prozesses, hinter dem unter anderem das schwierige Verhältnis der italienischen Besitztümer zum Deutschen Reich stand.

Nachdem Karl der Große die Langobarden besiegt hatte, war auch die Toskana im Prinzip ein Teil des fränkischen Herrschaftsgebietes geworden; übrigens galten dort zunächst dieselben Lehensbedingungen wie im Reich. Der Toskana, genauer: den einzelnen Städten der Toskana, gelang es jedoch, aus der relativen Schwäche des Kaisertums politischen Gewinn zu schlagen.

Der berühmte Investiturstreit des Mittelalters über die Frage, wer die Bischöfe einsetzen darf – der Kaiser oder der Papst –, der zunächst zu dem berühmten Gang nach Canossa von Kaiser Heinrich IV. und zu seinem Einlenken gegenüber dem Papst führte, wurde zum entscheidenden Auslöser. Was auf den ersten Blick wie ein ausschließlich deutscher Konflikt aussieht, hatte für die Toskana weitreichende Folgen. Daß die Burg Canossa, vor der der Kaiser den Berichten nach drei Tage im Schnee warten mußte, bis ihn der Papst einließ, Matilde, der Markgräfin der Toskana, gehörte, war nicht einmal das Entscheidende. Wichtiger war, daß Heinrich IV. wiederkam: Als der Papst ihn kurze Zeit später nochmals mit dem Kirchenbann belegte, lenkte er nämlich nicht ein weiteres Mal ein, sondern zog mit seinen Streitkräften nach Rom. Dabei kam er naturgemäß durch die Toskana, und nun mußten sich die Orte am Rand seines Weges zwischen den beiden Gegnern entscheiden.

Pisa und Lucca hielten zum Kaiser. Sie öffneten ihre Stadttore, trugen zur Verpflegung des Heeres bei und erhielten dafür Privilegien: 1081 versprach der Kaiser, künftig keinen Markgrafen der Toskana mehr zu ernennen, dem nicht die Repräsentanten von Pisa zustimmten. Und Lucca versprach er, in dessen Umgebung keine Burg zu bauen, die der Stadt militärisch gefährlich werden konnte, und akzeptierte so deren Eigenständigkeit. Florenz hingegen hielt zum Papst, weswegen es im Sommer 1082 von Heinrich IV. belagert wurde; er konnte es jedoch nicht einnehmen. Das Ergebnis war in beiden Fällen das gleiche: Die Autorität des Kaisers wurde geschwächt, die der Städte erheblich gestärkt. Hinzu kam, daß sich zum erstenmal unter den Städten der Toskana klare politische Fronten zwischen den Anhängern des Kaisers und denen des Papstes ergeben hatten. Der Streit zwischen Guelfen und Ghibellinen – die einen papst-, die anderen kaisertreu –, der die künftige Entwicklung der Toskana bestimmen sollte, hat hier seinen Ausgangspunkt.

Um 1100 gab es in den meisten Städten bereits gewählte Vertreter, meist zwölf, manchmal auch mehr, die im Rückgriff auf die römische Antike fast überall als Konsuln bezeichnet wurden. «Sie werden nicht von einem König oder Herrn regiert, sondern nur von selbst gewählten Rechtspersonen», heißt es über die Städte der Toskana bei dem jüdischen Reisenden Benjamin von Tudela, der um 1160 die Mittelmeerländer besuchte und beschrieb. Der Landadel wurde zum Umzug in die Stadt gezwungen, um keine bedrohlichen Machtzentren in ihrer Nähe zu haben. Innerhalb der Stadt hingegen wurde mit Mauern und Wehrtürmen aufgerüstet, um die eigene Unabhängigkeit im Konfliktfall gegenüber anderen Städten wahren zu können, die stets bestrebt waren, sich schon beim geringsten Anzeichen der Schwäche gewaltsam das Gebiet einer feindlichen Nachbarstadt einzuverleiben.

Fortsetzung Seite 33

Seit Jahrhunderten gleich geblieben ist die Form der toskanischen Bauernhäuser, die auch mit ihren Farben nie als Fremdkörper in der sie umgebenden Landschaft wirken.

Beim Monte Amiata, dem 1738 Meter hohen ehemaligen Vulkan südlich von Pienza.

DIE ETRUSKER, DAS «RÄTSELHAFTE VOLK»

Das Gebiet der Toskana gehörte zum Kernland der Etrusker, die hier seit dem 8. Jahrhundert v. Chr. Städte gründeten und über die den Reisenden zahlreichen Ausgrabungsstätten und Museen informieren – auch wenn noch immer viele Fragen offenbleiben.

Männlicher Kopf im Museo Etrusco von Siena.

Das «rätselhafte Volk» hat man sie genannt – zum einen, weil es trotz umfangreicher Forschungen der letzten Jahrzehnte immer noch große Lücken in der Kenntnis ihrer Kultur und Geschichte gibt, zum anderen, weil die Etrusker außer religiösen Texten praktisch keine Aufzeichnungen hinterließen und sämtliche Informationen über ihr Leben, ganz anders als bei den zeitlich parallel lebenden Griechen, aus archäologischen Befunden rekonstruiert werden müssen.

Zwar liegt die Herkunft der Etrusker weiterhin im dunkeln (schon die Autoren der Antike haben darüber spekuliert), doch lassen sich inzwischen diese Texte der offenbar hochentwickelten etruskischen Sprache zumindest ihrem Kontext und der ungefähren Bedeutung nach entziffern und verstehen.

Das Etruskische ist weder den indoeuropäischen noch den semitischen Sprachen zuzuordnen; die Schrift wurde von rechts nach links geschrieben und benutzt eine

Etruskernekropole in Sovana bei Pitigliano.

Art griechisches Alphabet. Texte, die näheren Aufschluß geben könnten über das Alltagsleben der Etrusker, über historische Ereignisse und über ihre politische Organisation sind uns allerdings nicht überliefert. Die «Agramer Mumienbinde», mit 1300 Wörtern der umfangreichste erhaltene etruskische Text (heute im Nationalmuseum Zagreb) schildert religiöse Zeremonien; der zweitlängste, eine Tontafel mit knapp 300 Wörtern, die in Berlin aufbewahrt wird, stellt offenbar eine Art Festkalender des schon in der Antike als besonders religiös geltenden Volkes dar. Der Großteil des übrigen uns erhalten gebliebenen Schriftmaterials besteht aus formelhaften Grabinschriften.

Diese Überlieferungslage beleuchtet bereits die wichtige Rolle, die der Totenkult für die Etrusker spielte. Die Nekropolen, heute der sichtbarste Ausdruck etruskischer Kultur, haben je nach Region und geologischer Beschaffenheit des Bodens unterschiedliche Formen; Körper- wie Brandbestattung kommen ebenso vor wie in den Boden eingelassene oder oberirdisch wie Häuser errichtete Grabstätten. In Populonia, einem der wichtigsten Metallverarbeitungszentren der Antike und der einzigen Stadt der Etrusker, die direkt am Meer lag – aber auch an zahlreichen anderen Orten – lassen sich solche Grabstätten in unterschiedlichster Form und Größe inzwischen besichtigen.

Folgenreich war der Glaube, daß der Verstorbene mit einem Teil seiner Seele innerhalb des Grabes weiterlebe. Deswegen konnten reiche Grabbeigaben gefunden werden, auf denen ein großer Teil unseres heutigen Wissens über die Etrusker beruht: Geschirr, Mobiliar und Waffen haben sich hier ebenso erhalten wie Schmuck oder Toilettenartikel wie Spiegel und Parfümfläschchen. Wandmalereien, die ausgelassene Feste mit Musikanten, mit Weingelagen und Spielen zeigen, sollten die Toten an die Freuden ihres bisherigen Lebens erinnern.

Fiesole, Volterra, Arezzo und Chiusi sind toskanische Städte etruskischen Ursprungs, deren Einfluß sich im Süden bis nach Rom fortsetzte. Doch gerade von dort ausgehend wird die Kultur der Etrusker nach und nach aufgesogen und

Zur Grabkunst der Etrusker gehörten auch Darstellungen auf Sarkophagen oder Urnendeckeln.

schließlich verdrängt: Seit etwa 90 v. Chr. werden die Inschriften dieser Region nur noch in lateinischer Sprache abgefaßt.

Vor fast 2000 Jahren schon hat die Geschichte der Etrusker großes Interesse geweckt: Vom römischen Kaiser Claudius (gestorben 54 n. Chr.) ist überliefert, daß er sich in einer – angeblich zwanzigbändigen – Schrift (der «Tyrrhenika») mit der Zusammenstellung der bereits untergehenden etruskischen Kulturüberlieferung befaßte. Erst die Forschungen des 20. Jahrhunderts und in den letzten Jahren die großen Ausstellungen in Venedig, Paris und Berlin haben danach die Hochkultur der Etrusker wieder ins breite Bewußtsein gehoben. *Thomas Bremer*

Reiterplastik im Museo Etrusco in Siena.

Kein Tropfen soll verlorengehen: Don Alfo beim Umfüllen von Grappa (siehe auch Seite 10).

Auf Tuff gebaut: Den Bergstädtchen des benachbarten Latium sehr ähnlich ist Pitigliano in der Südtoskana, überragt vom Turm des Palazzo Orsini aus dem 14. Jahrhundert.

Der kleine Ort Capalbio in der Maremma hat sich seinen mittelalterlichen Stadtkern und den wehrhaften Mauerring bewahrt und gilt unter Italienern als ein Geheimtip für den Sommerurlaub.

Am besten schmecken sie so richtig heiß: Wenn im Herbst die Eßkastanien reif sind, dann wird in Talla, zwischen Arezzo und Bibbiena, tüchtig gefeiert.

Das milde Klima der Toskana ermöglicht es nicht nur im Sommer, hausfrauliche Tätigkeit im Freien mit einem gemütlichen nachbarschaftlichen Schwatz zu verbinden.

Das mehrfach zerstörte, mittelalterliche Castello di Brolio im südlichen Chianti wurde Mitte des 19. Jahrhunderts im alten Stil wiedererrichtet.

In Arezzo. Der 1330 vollendeten Campanile der Pieve (Taufkirche) di Santa Maria Assunta wird im Volksmund «Turm der hundert Löcher» genannt – hat aber «nur» achtzig Schallöffnungen.

KUNST MIT ENGAGEMENT

Dante und Michelangelo

Die beiden weltberühmten Namen Dante Alighieri und Michelangelo Buonarotti sind nicht nur mit der Dichtung und bildenden Kunst des Stadtstaates Florenz verbunden, sondern auch mit dessen Geschichte.

Wenn man vor einem mehr als 500 Jahre alten Bild oder einer Skulptur steht oder ein literarisches Werk liest, ist es zumeist schwierig, sich vorzustellen, daß diese Werke nicht nur in einem konkreten politischen Zusammenhang, sondern manchmal sogar als klare politische Stellungnahme entstanden sind. Und doch gilt das gerade in der Toskana für zahlreiche Kunstwerke.

Ein Beispiel dafür ist Dante (1265–1321). Die «Divina Commedia» ist zwar in der Sprache der Toskana verfaßt, im «volgare» von Florenz (*siehe Seite 40*), doch ist Dantes berühmtes Werk nicht dort entstanden, sondern ausgerechnet im Exil in den Florenz feindlich gesinnten Städten Lucca und Pisa und in Verona.

In Florenz war Dante zunächst weniger als Dichter, sondern viel besser als Lokalpolitiker bekannt. Um 1300 konnte man dort nur als Mitglied einer der Handwerkerzünfte politisch tätig werden, deswegen schrieb sich Dante, obwohl er Philosophie und Theologie studiert hatte, in der Zunft der Apotheker ein und wurde im November 1295 zu einem der 35 Mitglieder des Florentiner Stadtrats gewählt. Nach Ablauf der Amtszeit wurde er dann Abgeordneter im «Consiglio dei Cento» und 1297 einer der Bürgermeister.

Michelangelo-Porträt in den Uffizien.

Dante «erleuchtet» mit seiner «Göttlichen Kommödie» Florenz (Gemälde von 1465, Ausschnitt).

Sein politisches Schicksal entschied sich im Jahr 1300: In der Folge eines Streits verfeindeter Familien beleidigten einige Adlige auf einer Prozession die Vorsteher der Zünfte, und als Dante dann auch noch ein Urteil gegen einen Parteigänger des Papstes trotz dessen Protest bestätigte, stand er plötzlich im Mittelpunkt der Auseinandersetzungen. Schließlich kam es zum militärischen Putsch der aus Florenz verbannten (und vom Papst unterstützten) Familie Donati. Dantes Partei unterlag, und 1302 wurde er zum Tod auf dem Scheiterhaufen verurteilt. Da er nicht in Florenz war, konnte das Urteil zwar nicht vollstreckt werden, doch er lebte seither zwangsläufig in der Verbannung.

In der «Divina Commedia» werden Teile der Ereignisse in literarischer Form, aber bei voller Namensnennung erzählt. Dante starb 1321 – als politischer Gesandter, nunmehr von Ravenna.

Auch Michelangelo (1475–1564) war keineswegs der reine, unpolitische Künstler, als der er häufig dargestellt wird: Er war ein radikaler Gegner der Herrscherfamilie der Medici, zeitweilig auch ein Anhänger des fanatischen Dominikanermönchs Savonarola. So ist insbesondere der «David», die berühmte Statue, deren Kopie vor dem Palazzo Vecchio steht, ein dezidiert politisches Kunstwerk, denn es handelt sich bei ihr um eine «Freiheitsstatue». Nach drei gescheiterten Attentaten auf Lorenzo de' Medici war es nach dessen Tod im Jahr 1494 gelungen, die Familie zu entmachten. Zwei große Gedenkstatuen wurden daraufhin im Auftrag der Stadt vor dem Rathaus aufgestellt: Die von Donatello bereits früher geschaffene Figur einer Judith, die Holofernes das Haupt abschlägt, und Michelangelos aus diesem Anlaß entstandene Figur des David, der sich gegen Goliath durchsetzt.

Der überzeugte Republikaner Michelangelo ließ sich nun ins Parlament wählen und wurde der oberste Aufseher und Planer der Florentiner Verteidigungsanlagen. Beim erneuten Zusammenbruch der Republik 1530 lebte Michelangelo, von der Todesstrafe bedroht, mehrere Monate lang im Untergrund. Das Grabmal der Medici in der Sakristei der Kirche San Lorenzo entstand aus einem Kompromiß: Papst Clemens VII., selbst ein Medici, versprach Michelangelo die Begnadigung, wenn er als Buße das Monument zu Ehren der verhaßten Familie ausführte.

Noch einmal erwächst dann aus Michelangelos Haß auf die Medici ein Kunstwerk: Als Alessandro de' Medici einem Attentat zum Opfer fällt, schafft er eine Büste des Brutus – zu Ehren des Attentäters.

Thomas Bremer

EINE STADTGESCHICHTE: SAN GIMIGNANO

San Gimignano ist die einzige der kleineren Bergstädte der Toskana, die seit den fünfziger Jahren vom Massentourismus entdeckt wurde. Weit über eine Million Besucher drängen sich jedes Jahr durch die 30 Straßen des Ortes, der sich mit seinen Geschlechtertürmen auf der Spitze eines weit die Umgebung überragenden Hügels eindrucksvoll gegen den Himmel abzeichnet. Das Gedränge in jenem wundervollen, in seiner Makellosigkeit aber auch leider fast zu Tode restaurierten Ort liegt sicherlich nicht jedem. Doch lassen sich hier – sozusagen im kleinen – die Folgen jener 700 bis 1000 Jahre zurückliegenden sozialen Prozesse noch deutlich nachvollziehen.

Was hat eine entstehende Stadtrepublik – etwa im Inneren der Toskana wie San Gimignano – zu bieten, was hebt sie aus dem Umland als privilegiert hervor?

In diesem Fall ist das zunächst die Lage auf dem Hügel. Wie an vielen Stellen der Toskana war in der Zeit nach der Antike, als es keine funktionierenden Entwässerungskanäle mehr gab, die Ebene um San Gimignano versumpft. Die Gegend war malariaverseucht und, wie wir aus vielen Berichten wissen, im Sommer selbst auf den befestigten Wegen vor Stechmücken kaum zu betreten. San Gimignano hingegen liegt dort, wo auch in der heißesten Jahreszeit ein leichter Wind weht. Ursprünglich war der Ort noch vor dem Jahr 1000 als eine Befestigung der Bischöfe von Volterra entstanden und kontrollierte eine wichtige Straßenverbindung. Schon früh wurden hier Konsuln gewählt, die die Stadt nach außen vertraten, die aber erst spät – ab 1199 – ohne die Zustimmung des Bischofs Verträge unterschreiben durften.

Die Einkünfte der Stadt waren, wie übrigens auch in Siena, abhängig von der Lage an der Via Francigena, der Frankenstraße, dem Hauptweg der Pilger vom Norden Europas nach Rom. Sie stammten daher zum einen aus Durchgangszöllen, dem Fuhrgewerbe und Gastwirtschaften und zum zweiten aus dem Handel selbst und dem Geldverleih und -wechsel. Die wichtigsten Handelsgüter der Stadt waren Wein aus der Umgebung, vor allem aber Safran. «Safran macht den Kuchen geel» (gelb), heißt es im Kinderlied, aber nicht nur den Kuchen und, als eine Art Luxusgewürz, andere Speisen wie den Reis, sondern vor allem auch Seidenstoffe. Damit wurde das kleine San Gimignano zu einem wichtigen Zulieferort für die Textilindustrie anderer toskanischer Städte.

Eine bedeutende Rolle für die Stadt spielten die Wehr- und Geschlechtertürme, die nicht wie in allen anderen Städten der Toskana im späten Mittelalter abgerissen werden mußten und die deswegen heute den besonderen Reiz von San Gimignano ausmachen. Ursprünglich hatten diese Türme eine echte militärische Funktion: Wurde

Umrahmt von beeindruckenden Palazzi und von Häusern und Türmen des Mittelalters wird der monatliche Antiquitätenmarkt auf der Piazza Grande in Arezzo zu einem besonderen Erlebnis.

In Radda im Chianti. Die Chefin verkauft hier noch selbst die besten Erzeugnisse der Region; in ihrer renommierten «Casa Miranda» kann man auch gut essen und übernachten.

Fortsetzung Seite 39

Vor allem das östliche der drei Portale des Baptisteriums von Florenz, die «Paradiestür», ist vielbewunderter Anziehungspunkt für Touristen. Lorenzo Ghiberti, der auch das Nordportal schuf, arbeitete an den vergoldeten Reliefs mit Darstellungen aus dem Alten Testament von 1428 bis 1452.

eine Stadt belagert, so konnte sich die (fast immer adlige) Familie in den Turm zurückziehen und dort eine Zeitlang den Belagerern trotzen. Viele Türme, die nur über Leitern zugänglich waren, hatten deswegen auch geheime unterirdische Verbindungen zu den Palästen der Familie oder ins Freie, um notfalls auf diesem Weg dringend benötigte Nahrungsmittel aufnehmen zu können.

Zunehmend wurden die Türme aber auch ein reines Prestigeobjekt und Statussymbol: Jede Familie versuchte, ihren Turm möglichst hoch zu bauen und möglichst prächtig auszustatten; in Lucca erhielten einzelne Türme sogar eine Bepflanzung aus Steineichen, die wie eine Krone wirken. Solche sozusagen privaten Wehranlagen inmitten der Stadt wurden jedoch den Kommunen selbst, vor allem aber natürlich den im feindlichen politischen Lager stehenden anderen Familien innerhalb derselben Stadt zu gefährlich, so daß es bald zu Beschränkungen vor allem bei der Höhe der Türme kam.

Für Florenz ist diese Entwicklung besonders gut dokumentiert: Der reiche Tuchhändler Lapo da Castiglionchio, dessen Häuser beim Aufstand der Wollschläger («Ciompi») von 1378 als erste in Brand gesteckt wurden, berichtet am Ende seines Lebens in einem Brief an seinen Sohn die Überlieferung, derzufolge «in kurzer Zeit etwa einhundertfünfzig Türme von den Stadtbürgern errichtet wurden, jeder mehr als einhundertzwanzig Ellen hoch». Das sind immerhin 70 Meter. Seit 1248 durften sie jedoch nur noch maximal 50 Ellen hoch sein, bestehende Türme mußten ganz abgerissen oder entsprechend abgetragen werden. Aus Prozeßakten, mit denen 30 Jahre später die ehemaligen Eigentümer Entschädigungszahlungen gegen die Stadt durchsetzen wollten, wissen wir, daß damals in kurzer Zeit mindestens 59 solcher Türme in Florenz beseitigt wurden, meistens, indem man sie an ihrem Fuß einschlug, mit Holz abstützte und dann an die Stützbalken Feuer legte, so daß die Türme fielen.

Beschränkungen dieser Art galten auch in San Gimignano. Hier durften private Türme nicht höher sein als derjenige des Rathauses, also immerhin 54 Meter. 15 von den ursprünglich über 70 Türmen der Stadt aus hellem Sandstein, nach oben meist in Backstein gemauert, existieren noch heute. Sie waren zunächst nicht bewohnt; erst später, nach Umbauten in ihrem Inneren und dem Einzug von Zwischendecken und Fensteröffnungen auf den neugeschaffenen Geschoßebenen, wurden sie als Wohnungen genutzt. Besonders reiche Familien, die ihren Reichtum auch zur Schau stellen wollten, verfielen in San Gimignano jedoch auf einen Trick, um die Höhenbegrenzung zu umgehen: Sie bauten zwei Türme nebeneinander. So existiert noch heute der aus dem 13. Jahrhundert stammende Zwillingsturm der Familie Salvucci. Ärmere Familien hingegen schlossen sich zu Turmgesellschaften zusammen, von denen in einzelnen Fällen noch Statuten und entsprechende Verträge bestehen. Der Zweck dieser Vereinigung war der Besitz eines Turmes, gelegentlich auch der von nebeneinander errichteten Türmen, um ein ganzes Stadtviertel kontrollieren zu können. Die an manchen der Türme noch heute sichtbaren Mauerlöcher dienten zur Sicherung von Stützbalken für hölzerne Balkone oder Rundgänge.

Militärisch setzte sich die Stadt gegen die Nachbarorte Colle und Poggibonsi durch. Aber ab dem 14. Jahrhundert wurde San Gimignano zu klein für die Erfordernisse der neuen Zeit; Kommunen dieser Größe konnten sich nicht mehr selbständig halten. Noch bevor die Stadt dazu gezwungen wurde, begab sie sich freiwillig unter den Schutz von Florenz. Interne Kämpfe – zwischen Guelfen und Ghibellinen, zwischen den verfeindeten Familien Salvucci und Ardinghelli und damit auch zwischen den außenpolitischen Optionen zugunsten von Florenz oder aber von Siena – hatten die Stadt zerrissen. 160 Jahre lang hatte ihre Blütezeit gedauert.

Der Bau des achteckigen Baptisteriums, dem Florentiner Stadtpatron Johannes dem Täufer geweiht, war um 1150 abgeschlossen. Seine in byzantinischer Tradition stehenden Kuppelmosaiken beschäftigten im 13. Jahrhundert auch venezianische Künstler.

Nachdem die Sümpfe am Fuß der Stadt weitgehend trockengelegt wurden, war der endgültige Abstieg nicht mehr aufzuhalten: Die Pilger und Handelsreisenden blieben in der Ebene und quälten sich und die Fuhrwerke nicht mehr den Hügel hinauf. In San Gimignano ist die Zeit im Jahr 1563 stehengeblieben. Der erste der toskanischen Großherzöge nach dem Sieg gegen Siena, Cosimo de' Medici, entschied, es dürften «auch keine geringen Summen» mehr in die Stadt investiert werden. Das mußte akzeptiert werden, und so ist San Gimignano – zur Freude der Touristen – geblieben, wie es damals war.

UND FLORENZ?

Vieles von dem, was für San Gimignano gilt, trifft auch für die anderen Städte der Toskana zu. Florenz darf man sich im 13. Jahrhundert nicht viel anders vorstellen, und selbst seine Konflikte waren im Prinzip die gleichen. Florenz war zunächst deutlich kleiner und unwichtiger als Pisa, das als Seemacht den Höhepunkt seiner Bedeutung zur Zeit der frühen Kreuzzüge erreichte, als es zusammen mit

Am Neptunsbrunnen (im Jahr 1575 fertiggestellt) von Bartolomeo Ammanati auf der Piazza della Signoria, dem historischen Zentrum von Florenz. Der Gott der Meere war den Bürgern Symbol für die Seemacht der Toskana.

Genua und Venedig Tausende von Kreuzrittern ins Heilige Land transportierte und auf dem Rückweg Waren von dort mitnahm. Als im 12. und zu Beginn des 13. Jahrhunderts in Pisa, aber auch in Lucca, Pistoia, Prato und später auch in Siena Dome errichtet wurden, entstanden in Florenz keine Bauten vergleichbaren Ranges; selbst die Florentiner Malerei setzt erst später ein.

Dann aber holte die Stadt zügig auf. Mehrere Faktoren trugen dazu bei: Zum einen eine skrupellose Eroberungspolitik gegenüber dem Umland, deren Folgen als erstes der Stadtstaat Fiesole (mit eigenem Bischofssitz) zu spüren bekam – die Stadt wurde dem Erdboden gleichgemacht. Über Florenz wurde zwar wegen des Angriffs auf das Bistum zeitweilig der Kirchenbann ausgesprochen, aber das Territorium hatte sich beträchtlich vergrößert. Zum anderen war es von großer Bedeutung, daß Florenz selbst Tuch produzierte (also sozusagen Endprodukte herstellte und nicht nur, wie San Gimignano, eine Zulieferindustrie betrieb) und daß sich innerhalb seiner Mauern erhebliches Kapitalvermögen befand, das zur Entstehung eines bereits neuzeitlichen Banken- und Kreditsystems führte. Petrarca, der feinsinnige Liebeslyriker, hat – wenn auch mit religiösen Skrupeln, weil auf Wucherzinsen strenge Höllenstrafen standen – das Familienvermögen am Florentiner Kreditmarkt ebenso eingesetzt und vermehrt wie selbst zahlreiche Kleriker. 1252 wurden in Florenz (etwa zeitgleich mit Mailand) die ersten eigenen Goldmünzen geprägt, und bereits am Ende des 13. Jahrhunderts hatte die Metropole am Arno etwa 100 000 Einwohner – gehörte damit also zu den größten Städten in Europa.

Es würde zu weit führen, hier auch nur ansatzweise auf die verwickelte politische Geschichte von Florenz einzugehen. In keiner anderen toskanischen Stadt erreichten die nichtadligen Handwerker und Kaufleute zumindest zeitweilig einen so großen politischen Einfluß wie in Florenz, bevor dann der Adel die Geschicke der Stadt wieder an sich riß. Aber auch hier hat der Aufstieg der neuen Händlereliten wesentlich mit dem internen Zwist zwischen rivalisierenden Familien und zwischen Guelfen und Ghibellinen zu tun. Jedesmal war er mit Exil und Vermögensentzug für die unterlegenen Adelsgeschlechter, aber auch mit Allianzen mit Frankreich (guelfisch) oder dem Kaiserreich bzw. mit anderen Städten Mittelitaliens verbunden. Das Schicksal der Florentiner Türme ist ein Symbol dieses Haders.

EINE LITERATUR IN DER VOLKSSPRACHE

Bisher ist noch nicht von der Sprache und von der Literatur die Rede gewesen. Das eigentliche Italienisch, die in der Grundstruktur noch heute gebräuchliche Form der Standardsprache, ist erwiesenermaßen aus dem Toskanischen hervorgegangen – und bis heute streiten sich Siena und Lucca darum, in welcher der beiden Städte denn nun das reinste Italienisch gesprochen wird, während der Dialekt um Florenz unüberhörbar sehr ausgeprägt ist. Dante, Petrarca, Boccaccio, die drei großen Namen der italienischen Literatur am Ende des Mittelalters und zugleich die Autoren, die das Erscheinungsbild der Literatur im Übergang vom Lateinischen zum Italienischen am stärksten geprägt haben, waren Toskaner und haben auch vorwiegend in der Toskana gelebt und geschrieben.

Zu diesem Zeitpunkt gab es in der Sprachverwendung noch eine klare Trennung zwischen Gebildeten und einfachem Volk. Die Bauern auf dem Land, aber auch die Städter untereinander sprachen «volgare», den Dialekt ihrer jeweiligen Region, der sich nach und nach aus dem Spätlateinischen entwickelt hat. Alles Schriftliche, sei es ein notarieller Vertrag, sei es ein Brief, verfaßte man jedoch ganz selbstverständlich in Latein. Einer der frühesten Texte, die nicht so verfahren, ist übrigens eine

Fortsetzung Seite 46

Von Kopf bis Fuß noch immer ein Idealbild männlicher Schönheit: Das Original des «David» (1501 bis 1504) von Michelangelo hat seit 1887 seinen Platz in der Galleria dell'Accademia von Florenz (siehe Seite 63).

Die Uffizien von Florenz sind seit dem 18. Jahrhundert als Museum dem Besucher geöffnet. Blick auf den Palazzo Vecchio.

Gute Aussichten über die Stadt am Arno bietet die Laterne der Florentiner Domkuppel, die wiederum vom Campanile aus gut einsehbar ist. Die Bronzekugel Andrea del Verrocchios mit dem Kreuz wurde 1472 vollendet.

EIN WUNDER DER BERECHNUNG

Die Domkuppel von Florenz

Die mächtige Bekrönung des Doms Santa Maria del Fiore ist nicht nur ein Symbol für Florenz oder sogar für die ganze Toskana, sondern als erste freitragende Kuppel seit der Antike auch ein technisches Meisterwerk.

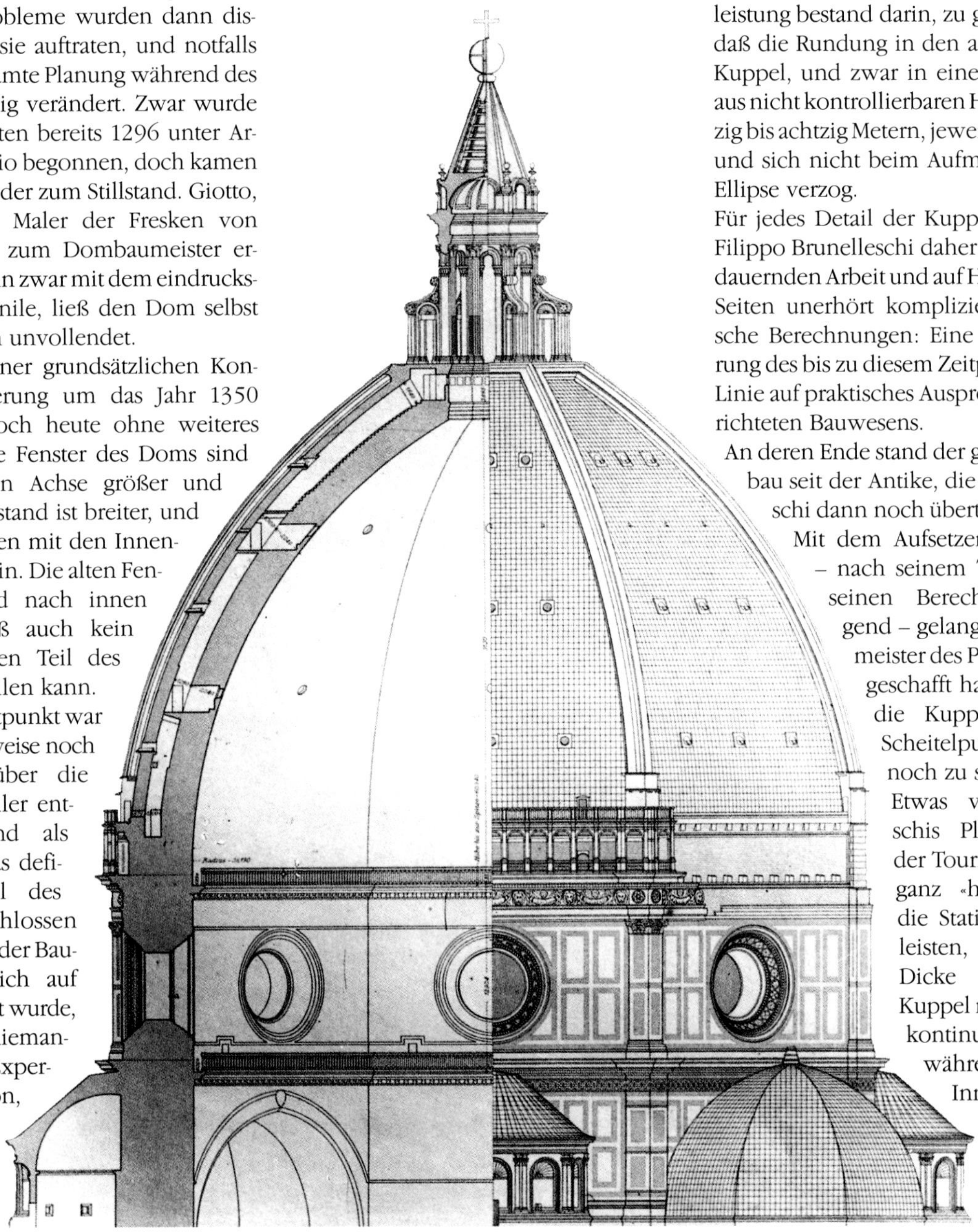

Der Schnitt (linke Seite der Abbildung) verdeutlicht, wie Filippo Brunelleschi die Kuppel der viertgrößten Kirche der Christenheit konstruierte.

Unter den komplizierten Baugeschichten, die von der Antike bis heute fast alle Großbauten aufweisen, gehört die des Doms von Florenz sicher zu den verwickeltsten; kaum möglich, sie auch nur grob zu skizzieren. Zumindest die Bedeutung seiner Kuppel als eines Wendepunkts der Architekturgeschichte sollte in seinem Angesicht jedoch bedacht und gebührend gewürdigt werden.

Für uns Heutige ist nahezu unvorstellbar, daß es zu Beginn des Dombaus nie einen Plan gegeben hat; nicht vorhergesehene technische Probleme wurden dann diskutiert, wenn sie auftraten, und notfalls wurde die gesamte Planung während des Baus vollständig verändert. Zwar wurde mit den Arbeiten bereits 1296 unter Arnolfo di Cambio begonnen, doch kamen sie schnell wieder zum Stillstand. Giotto, der berühmte Maler der Fresken von Assisi – 1334 zum Dombaumeister ernannt –, begann zwar mit dem eindrucksvollen Campanile, ließ den Dom selbst aber weiterhin unvollendet.

Die Folgen einer grundsätzlichen Konstruktionsänderung um das Jahr 1350 lassen sich noch heute ohne weiteres feststellen: Die Fenster des Doms sind ab der vierten Achse größer und höher, der Abstand ist breiter, und nur sie stimmen mit den Innenfenstern überein. Die alten Fenster aber sind nach innen blind, so daß auch kein Licht in diesen Teil des Langhauses fallen kann.

Zu diesem Zeitpunkt war aber beispielsweise noch keineswegs über die Höhe der Pfeiler entschieden. Und als dann 1368 das definitive Modell des Doms beschlossen und danach jeder Baumeister feierlich auf dieses vereidigt wurde, gab es gewiß niemanden in der Expertenkommission, der auch nur die leiseste Idee haben konnte, wie nun die vorgesehene Kuppel technisch auszuführen sei. Erst 1421 kam es zu dem berühmten Wettbewerb, bei dem sich die Realisierungsvorschläge Filippo Brunelleschis (1376–1446) durchsetzten, dem man den erfahrenen Lorenzo Ghiberti zur Seite stellte. So, wie das Modell den Kuppelbau vorsah, hätte man ein über achtzig Meter hohes freistehendes Gerüst im Dominneren benötigt, das nicht einmal sich selbst getragen hätte. Zwei geniale Gedanken Brunelleschis brachten hier die Lösung: Zum einen beschloß er, auf Bodengerüste ganz zu verzichten und die Arbeitsplattformen – je nach deren Neigung außen oder innen angebracht – in die zu bauende Kuppel selbst zu verlagern; dafür mußte er ein eigenes Aufzugssystem erfinden. Zum zweiten sah er nicht eine, sondern zwei, nämlich eine innere und eine äußere Kuppel vor, die sich mittels komplizierter Mauerverstrebungen gegenseitig stützen.

Manche Einzelheiten dieser Konstruktion sind bis heute nicht völlig klar. Die Hauptleistung bestand darin, zu gewährleisten, daß die Rundung in den acht Ecken der Kuppel, und zwar in einer vom Boden aus nicht kontrollierbaren Höhe von fünfzig bis achtzig Metern, jeweils gleich blieb und sich nicht beim Aufmauern in eine Ellipse verzog.

Für jedes Detail der Kuppel unternahm Filippo Brunelleschi daher in einer Jahre dauernden Arbeit und auf Hunderten von Seiten unerhört komplizierte geometrische Berechnungen: Eine Revolutionierung des bis zu diesem Zeitpunkt in erster Linie auf praktisches Ausprobieren ausgerichteten Bauwesens.

An deren Ende stand der größte Kuppelbau seit der Antike, die von Brunelleschi dann noch übertroffen wurde: Mit dem Aufsetzen der Laterne – nach seinem Tod erst, aber seinen Berechnungen folgend – gelang, was die Baumeister des Pantheon nicht geschafft hatten, nämlich die Kuppel in ihrem Scheitelpunkt auch noch zu schließen.

Etwas von Brunelleschis Planung erlebt der Tourist noch heute ganz »hautnah«: Um die Statik zu gewährleisten, nimmt die Dicke der äußeren Kuppel nach oben hin kontinuierlich ab, während die der Innenschale nahezu konstant bleibt. Der Zwischenraum, der Personen den Durchgang ermöglicht, variiert so zwischen 2,60 und 1,22 Metern. Und wer je die Kuppel betreten hat, der weiß: Einige Teile sind bequem zu begehen, in anderen aber Engegefühle mehr als verständlich … *Thomas Bremer*

Abrechnung des Senats von San Gimignano über ausgezahlte Honorare – und zwar an Bürger, die unter wechselnden Vorwänden nach Poggibonsi und in andere Orte gegangen waren, um dort zu spionieren. Der Text stammt aus dem Jahr 1269, «als Arnolfo (de' Buondelmonti) Podestà war», wie die Einleitung sagt; in seinem Auftrag organisierte und koordinierte ein gewisser Arrigo das Spionagewesen, und eine gewisse Donna Buona, die zwei Tage in «Pugibunizi» geblieben war, um Neues über die angekommenen Reiter» herauszubekommen, erhielt dafür bei ihrer Rückkehr zwei Scudi und sechs Dinari.

In Florenz war es Dante (1265–1321), der erstmals die Volkssprache für die Literatur nutzte (*siehe Seite 34*). Er tat dies auf zweierlei Weise: Zum einen dachte er über sie nach, dies allerdings – da es ein Text mit wissenschaftlichem Anspruch ist – auf Latein. «De vulgari eloquentia libri duo» («Zwei Bücher über die Ausdruckskraft der Volkssprache») heißt die Schrift, in der er nachzuweisen versucht, daß das Italienische – wenn auch unter strengen Bedingungen – dem Lateinischen an Schönheit ebenbürtig sei. In der Praxis verfolgte Dante dagegen sein Programm, indem er in der Zeit seiner Verbannung die «Divina Commedia» («Die Göttliche Komödie») schrieb, einen Text, der gleichzeitig die Weltgeschichte und die Geschichte der Toskana thematisiert, aber auch religiöse Vorstellungen, Zahlenmagie, Mystik, antike Texte und gelehrte Traktate einbezieht. Er ist in komplizierter Form, in 14233 Versen, verfaßt – in der Sprache der Bauern und Händler, nicht in der der Gelehrten.

Schon früh galt Dantes umfassendes Gedicht als ein vollendetes Kunstwerk. Obwohl in Florenz verfemt und die letzten 20 Lebensjahre von einem Todesurteil bedroht, wissen wir aus den Haushaltsabrechnungen der Stadt, daß schon kurz nach Dantes Tod die Stelle eines Lektors geschaffen wurde, der gegen Bezahlung aus städtischen Mitteln Abschnitte aus der «Divina Commedia» laut vorlas und für seine Zuhörer erklärte und kommentierte. Boccaccio (1313–1375), der berühmte Novellendichter, hatte diese Stelle eine Zeitlang inne.

Ein Logenplatz, fast wie in der Antike: Wo heute die Anwohner auf die belebte Piazza del Mercato von Lucca herabblicken, befanden sich ehemals die Tribünen des römischen Amphitheaters.

Auch bei ihm und Petrarca (1304–1374) findet sich die Gleichzeitigkeit lateinischer und italienischer Literatur. Boccaccios «Il Decamerone» («Das Dekameron»), auf toskanisch verfaßt, ist eine Sammlung lebensfroher Texte; viele schon aus der altfranzösischen Literatur bekannten Charaktere kehrten hier wieder: Der geprellte Ehemann, der zu früh nach Hause zurückkommt und deswegen seine Frau in flagranti erwischt, so daß sich diese in größter Eile eine plausible Ausrede einfallen lassen muß; der arme Student, der wenig zum Leben hat, aber gewitzt ist und deswegen den reichen und geizigen Handelsherrn mit der Aussicht auf zusätzlichen Profit übers Ohr zu hauen versteht; der Mönch, der nicht immer nur nach christlichen Moralvorstellungen lebt.

In Boccaccios Novellen spiegelt sich aber auch das Wirtschaftsleben der Zeit: Der Zufall ist es, von dem beim Handel enorm viel abhängt. Ob ein Schiff, auf dem das gesamte Vermögen eines Handelsherrn transportiert wird, untergeht oder nicht, kann man nicht berechnen und nicht beeinflussen. Im einen Fall ist er ruiniert, im anderen kann sich sein Vermögen vervielfacht haben. So spielt der Zufall auch in den Novellen eine besondere Rolle, genauso wie die solide Information und die Bereitschaft zum Betrug. Auf zwar illegalem, aber doch durchaus anerkanntem Weg ergaunert sich in ihnen (neben Boccaccio vor allem im Werk seines ebenfalls aus Florenz stammenden Zeitgenossen Franco Sacchetti) das Individuum immer wieder sein Recht.

DER SCHWIERIGE WEG IN DIE GEGENWART

Es gehört zum Schicksal der Toskana, daß ihre Geschichte im öffentlichen Bewußtsein irgendwann im 16. Jahrhundert gleichsam steckengeblieben ist und daß dem Besucher heute das Pestjahr 1348 oder die Geschichte der Medici im Zweifelsfall präsenter sind als die Landwirtschaftsprobleme und die Flucht der Bevölkerung aus den Dörfern, die deutsche Besetzung der Region 1943/44 mit ihren erbitterten Kämpfen bei Pisa und Carrara ebenso

Die Westseite der ovalen Piazza del Mercato. Nach dem Untergang des Römischen Reiches richteten die Bewohner Luccas sich in den Ruinen des Amphitheaters Wohnungen ein.

Montecatini Terme zwischen Lucca und Pistoia gehört zu den elegantesten Kurorten Italiens, und seine Heilwasser haben internationalen Ruf. 1927 entstand der Säulenbau der Tettuccio-Therme, im Inneren prächtig ausgestaltet.

Insgesamt 207 Säulen umfangen und bekrönen Pisas Stolz, den «Schiefen Turm» (siehe auch Seite 71).

In Porto Ercole, dem südlichen Hafen der Halbinsel Monte Argentario, die der Maremma vorgelagert ist. Dem Segler bieten sich hier beste Sportmöglichkeiten.

wie bei Arezzo und Val d'Elsa, oder die Hochwasserkatastrophe von 1966, die zahlreiche Orte am Arno unter Wasser setzte und in Florenz irreparable Schäden vor allem auch an Kunstwerken verursacht hat; in der Nationalbibliothek arbeitet noch heute ein Expertenteam daran, die wertvollsten der damals betroffenen Bände von den Wasserschäden und Schlammresten zu befreien.

Eine späte Blüte erlebte die Region noch einmal gegen Ende des 18. Jahrhunderts, als das Großherzogtum Toskana unter den Habsburgern – vor allem unter Peter Leopold, dem dritten Sohn Maria Theresias – für kurze Zeit zu einem der Musterstaaten der europäischen Aufklärung wurde. Der Großherzog förderte den Handel und das Manufakturwesen, ließ neue Straßen anlegen und reformierte das Steuersystem. Unter dem Einfluß des Mailänder Rechtsgelehrten Cesare Beccaria war die Toskana das erste Land der Welt, in dem die Todesstrafe abgeschafft wurde – wenngleich man sie einige Jahre später wieder einführte. Peter Leopold war auch selbst an den Wissenschaften interessiert, die er förderte; seinen «Banco Chimico», den Arbeitstisch für chemische Experimente, kann man noch heute im Museum für Wissenschaftsgeschichte in Florenz besichtigen.

Insgesamt verlor die Toskana jedoch an Bedeutung; das bereits erwähnte «mezzadria»-System, das im ausgehenden Mittelalter und in der Renaissance revolutionär gewesen war und das kleinteilige, relativ wohlhabende und gartenähnliche Landwirtschaftssystem der Toskana geschaffen hatte, hat im 19. Jahrhundert und bis in die Gegenwart hinein auch einen Großteil ihrer dringendsten Probleme verursacht: Die sozialen Kämpfe um die Bodenreform, zuletzt 1949 blutig ausgetragen, haben hier ihren Ursprung. Die kleinen Besitztümer, die nicht mehr konkurrenzfähig waren auf einem sich stetig vergrößernden europäischen Markt, mußten entweder aufgeben oder in große, die traditionellen Anbaustrukturen zerstörende landwirtschaftliche Fabriken umgewandelt werden. Die ohnehin stark zurückgegangene Zahl der in der Landwirtschaft Beschäftigten hat sich zwischen 1960 und 1980 noch einmal mehr als halbiert und liegt jetzt nur noch bei etwa fünf Prozent der Bevölkerung; die Ursache dafür, daß die Bauernhäuser der Toskana von Ausländern als Urlaubsdomizil aufgekauft werden, ist auch im Wegzug der ehemaligen Bewohner in die städtischen Zentren zu suchen, wo sie als Angestellte weit bessere Verdienstmöglichkeiten haben. Das einst kleine, beschauliche Poggibonsi ist (wie auch Prato, Volterra oder Arezzo) heute eine schnell wachsende Industriestadt, die mittlerweile zwischen den Hügeln die ersten Hochhäuser zugelassen hat. Die Probleme der Gegenwart machen vor dem «Garten Europas» und seinen alten Städten, in denen ein Gutteil europäischer Kultur entstanden ist, nicht halt.

Eine abwechslungsreiche Vegetation, Badestrände und der Blick über die blaue Weite des Tyrrhenischen Meeres erwarten den Urlauber auf Monte Argentario.

Abendstimmung bei Siena in den Crete.

Die Toskana in reizvoller Verfremdung: Schnee auf den Dächern von Montepulciano westlich des fruchtbaren Chiana-Tales.

TOSKANA: PLANEN · REISEN · GENIESSEN

INHALT

Am achteckigen Wehrturm aus dem Jahr 1534 vorbei verläßt die Autofähre den kleinen Hafen von Rio Marina im Osten der Insel Elba.

DATEN · FAKTEN · ZAHLEN

Die Toskana ist die fünftgrößte der 20 Regionen Italiens. Sie liegt in Mittelitalien und ist 23 000 Quadratkilometer groß, das sind 7,7 Prozent des Staatsgebietes; sie umfaßt Teile des Apennin, das Toskanische Berg- und Hügelland, die Küstenniederungen der Maremmen und die Inseln des Toskanischen Archipels mit Elba als der größten. Ihr Waldanteil beträgt 38 Prozent, die Küste am Ligurischen und Tyrrhenischen Meer ist 340 Kilometer lang.

Die Region Toskana ist in neun Provinzen aufgegliedert: Arezzo, Massa e Carrara, Florenz, Grosseto, Livorno, Lucca, Pisa, Pistoia und Siena; Regionalhauptstadt ist Florenz (Firenze). Großstädte mit über 100 000 Einwohnern sind Florenz, Livorno, Pisa und Prato. Insgesamt leben etwa 3,6 Millionen Menschen in der Toskana – und damit ungefähr 6,5 Prozent der italienischen Bevölkerung. Agrarprodukte sind vor allem Wein, Obst und Oliven; die Industrie konzentriert sich auf das Arnotal und die nördliche Küstenregion.

AUSKUNFT

Es ist empfehlenswert, sich schon vor der Reise in die Toskana an das **Staatliche Italienische Fremdenverkehrsamt ENIT** wegen Informationsmaterial zu wenden. Die Adressen der **ENIT-Büros** in **Deutschland:** Berliner Allee 26, 40212 Düsseldorf, Tel. 02 11/13 22 32, Fax 02 11/13 40 94; Kaiserstraße 65, 60329 Frankfurt/Main, Tel. 069/23 74 30, Fax 069/23 28 94; Goethestraße 20, 80336 München, Tel. 089/53 03 69, Fax 089/53 45 27.

ENIT-Büros in **Österreich**:
Kärntnerring 4, 1010 Wien, Tel. 01/50 54 374, Fax 01/50 50 248;
ENIT-Büros in der **Schweiz**:
Uraniastraße 32, 8001 Zürich, Tel. 01/2113 634, Fax 01/2113 885.
Über die ENIT-Büros erhält man auch die Anschriften der **Fremdenverkehrsvereine** in den neun Provinzhauptstädten der Toskana und in anderen großen Orten. Will man sie im Urlaub selbst mit Fragen aufsuchen, sollte man beachten, daß sie oft nur vormittags geöffnet haben.

ANREISE

Das Eisenbahn- und Straßennetz der Toskana ist dicht; auch wer ohne eigenes Fahrzeug »auf der Schiene« anreist, kommt mit dem Bus fast immer schnell und bequem zum gewünschten Ziel.
Mit dem *Auto* erreicht man die Toskana entweder auf der Autobahn A 22 über Bozen, Verona, Modena oder auf der A 1 ab Mailand in Richtung Modena. Eine Alternative: Auf der A 7 von Mailand nach Genua und dann auf der A 12 von Genua nach Pisa und Livorno. Eine weitere Variante: A 1 von Mailand nach Parma, von dort auf der A 15 über den Apennin nach La Spezia und weiter auf die A 12. Ab Viareggio gibt es die Querverbindung A 11 über Lucca nach Florenz. Man sollte daran denken, daß italienische Autobahnen bis auf wenige Teilstrecken, wie etwa die zwischen Florenz und Siena, gebührenpflichtig sind. Die toskanischen Provinzhauptstädte liegen an italienischen *Haupteisenbahnlinien* und haben damit direkten Anschluß ans europäische Schienennetz.

Am schnellsten geht es natürlich mit dem Flugzeug. *Internationale Flughäfen* der Toskana liegen direkt bei Pisa und bei Florenz. Sehr gute Flugverbindungen bestehen auch über Mailand nach Pisa.
Zur Insel Elba gibt es mehrmals täglich *Schiffsverbindungen* (auch Autotransport) von Piombino und Livorno aus. Von Porto S. Stefano auf der Halbinsel Monte Argentario verkehren täglich die Fähren zur Isola del Giglio. Von Giglio aus gibt es einmal täglich eine Fährverbindung zur Isola di Giannutri. Die Einschiffung zur Isola di Capraia erfolgt von Livorno aus.

Hotels mit höchstem Komfort hat die Toskana viele zu bieten, und nicht wenige davon sind in Palästen, Villen, ja sogar in früheren Klöstern untergebracht. So gilt die *Villa San Michele* in *Fiesole*, ein ehemaliges Franziskanerkloster, als nobelste und teuerste Herberge der Toskana; auch das *Albergo Il Convento* in *Pistoia* und das kleine *La Certosa di Maggiano* in *Siena* (an der Porta Romana) können auf eine klösterliche Vergangenheit zurückblicken. Liebhaber des Jugendstils werden sich wohlfühlen im Hotel *Brunelleschi* in *Florenz* (Piazza S. Elisabetta), das auch noch

Links: Espresso-Pause in San Gimignano, einem der bedeutendsten touristischen Anziehungspunkte der Toskana.

Oben: Blick in die Loggia der Uffizien von Florenz. Ganz menschenleer ist es hier nie, aber der winterliche Museumsbesuch bietet dem Kunstinteressierten doch erheblichen Freiraum.

SCHLAFSACK ODER HIMMELBETT

Es wird nicht gerade ein »Billig-Urlaub«, wenn man sich für die Toskana entschieden hat, aber immer noch gibt es an den Stadträndern oder in kleineren Orten komfortable *Hotels* zu annehmbaren Preisen; für die Sommermonate sollte man sich beizeiten informieren und eine Reservierung vornehmen (→ *Auskunft*).
Das trifft auch für die *Ferienwohnungen* und *-häuser* zu, mit denen die Toskana reichlich aufwarten kann. Hier bucht man am besten über ein Reisebüro – aber auch ein Blick in die größeren Tageszeitungen lohnt sich, weil viele Domizile privat annonciert werden. Bei einem günstigen Angebot sollte man sofort zum Telefon greifen, denn die Nachfrage ist groß!
Wer den Urlaub im *Zelt* oder *Wohnmobil* verleben will, der findet dazu an der Küste die meisten Möglichkeiten. Ein umfassendes Campingverzeichnis schicken die ENIT-Büros zu (→ *Auskunft*).
Ohne rechtzeitige Buchung im Sommer und ohne heimischen Jugendherbergsausweis werden Jugendliche in den »Ostelli«, den *Jugendherbergen* der Toskana, nur schwer Unterkunft finden; zu viele sind mit dem Rucksack unterwegs, und mehr als drei Nächte darf man oft nicht bleiben.

die Reste einer römischen Thermalanlage und langobardische Kirchenmauern aufzuweisen hat, oder im weltberühmten *Grand Hotel e la Pace* in *Montecatini*, in einem 20 000 Quadratmeter großen Park gelegen. Das ausgefallenste Interieur bietet das Schloßhotel *Castello di Sanmezzano* in *Regello-Leccio* (bei Vallombrosa östlich von Florenz): Die ehemalige Festung und spätere Villa überrascht im Inneren mit farbenprächtigem maurischem Stil. Und wer Wert auf einen unvergeßlichen Ausblick legt, findet ihn gleich bei *Florenz* in der *Villa Le Ronini* aus dem 16. Jahrhundert (Via Bolognese Vecchia). Über Quartiere mit historischem Ambiente informieren die ENIT-Büros (→ *Auskunft*).

REISEZEIT IST HIER IMMER

Die Toskana hat zu jeder Jahreszeit viel zu bieten – wann man sie besucht, hängt ganz von den persönlichen Interessen ab: Zieht es einen in die Uffizien, oder will man gern warme Sommernächte beim Wein zwischen den Hügeln der Chianti-Landschaft erleben? Findet man den internationalen sommerlichen Trubel in den Badeorten anregend, oder will man lieber auf der Piazza, im Café und der Trattoria vorwiegend mit Einheimischen zusammen sein und sich im Italienischen üben?

Für *Kulturfreunde* hat die Toskana durchgehend das ganze Jahr über Saison; im Winter ist man in den Museen eher »unter sich« und wohltuend ungestört.
Wer neben den Kunstschätzen auch noch die Landschaft genießen will, der legt seine Reise in den April/Mai oder September/Oktober. Das Klima ist dann mild, und man erlebt das erste Blühen oder aber die herbstliche Laubverfärbung besonders intensiv, wenn man als *Wanderer* unterwegs ist. Wer Teile der Toskana zu Fuß erobern möchte, sollte wissen, daß man diese Fortbewegungsart dort »Trekking« nennt. Trekking-Touren für kleine Gruppen, die mehrere Tage dauern, werden für die gesamte Region angeboten. Hier hilft Nachfrage bei Reisebüros, bei ENIT (→ *Auskunft*) oder auch in einer Buchhandlung weiter.
Zum *Baden* im Tyrrhenischen Meer eignen sich die Monate Juli und August am besten – in den Städten ist es sowieso um diese Zeit unerträglich heiß und voll. Aber es sind eben die typischen Ferienmonate, und so sind auch die Badeorte von ausländischen Touristen wie von italienischen Urlaubern überlaufen. In etwas abgelegeneren, sandigen Buchten kann man dennoch in Ruhe die Sonne genießen oder sich einfach ins Mittelmeer stürzen: Vom Tauchen bis zum Segeln ist an der Küste und auf den Inseln das Angebot für

Rechts: In den Markthallen von Florenz. Die Spezialität dieses Standes sind Oliven, die so manchem toskanischen Gericht die besondere Würze verleihen, aber auch pikant eingelegt oder gefüllt zu den Tafelfreuden der Region gehören.

Wassersportler groß – wenngleich man hier auch nur mit dem Schlauchboot schon seinen Spaß haben kann –, und für besonders Sportliche gibt es in einigen Hotels noch Tennis- und Golfplätze, Reitunterricht oder sogar Polospiel-Möglichkeiten. *Feinschmeckern* bietet sich der Herbst für die Reise in die Toskana an – wenn der Wein und die Kastanien geerntet werden (*siehe auch Seite 60*) und wenn man bestes Wildbret serviert bekommt, weil die Jagdsaison eröffnet ist. Die allerdings gemahnt zur Vorsicht: In Italien gibt es viele leidenschaftliche Hobby-Jäger – wer in den Wäldern unterwegs ist, sollte sich (etwa durch laute Gespräche) absichern, um nicht als begehrtes «bewegliches Ziel» ausgemacht zu werden.

Auch mit den Skiern kann man in die Toskana fahren. Im Apennin empfiehlt sich *Abetone* (1388 Meter) als *Wintersportort*; das nahe *Cutigliano* liegt nur 670 Meter hoch (mit und ohne Schnee ist es außerdem durch den fischreichen Fluß Lima ein beliebter *Anglerort*). Die *Apuanischen Alpen* und der *Monte Amiata* (1738 Meter) bieten ebenfalls Skipisten. Prospekte erhält man über die ENIT (→ *Auskunft*).

Ob und wann man zum «Heilkuren» in die Toskana kommt, das sollte man in erster Linie mit seinem Hausarzt bereden. An Thermalquellen ist das Gebiet jedenfalls reich – und ihre Wirkung sollen schon die Etrusker gekannt haben, wenngleich sie sie nicht so ausgiebig nutzten wie später die Römer. Die bekanntesten Orte für *Bäder-* und *Trinkkuren* sind *Montecatini* und *Chianciano Terme*; von hier gelangt man auch ohne Schwierigkeiten bequem zu den Kunststätten der Toskana. Über alle Kurorte, über Unterkunftsmöglichkeiten und vor allem darüber, welche Leiden wo und wie behandelt werden, informiert ein Prospekt der ENIT-Büros (→ *Auskunft*).

GUT ESSEN VON FRÜH BIS SPÄT

Das Frühstück (*prima colazione*) hat in der Toskana nicht die Bedeutung wie in Deutschland, England oder Skandinavien: Ein Espresso, Caffè lungo oder Cappuccino mit einem Hörnchen, oft schnell an einer Bar eingenommen, genügt dem Italiener im allgemeinen. Das Mittagessen (*pranzo*) folgt zwischen 13 und 14 Uhr; zum Abendessen (*cena*) geht man nicht vor 19.30 Uhr, eher später. Um nur eine Kleinigkeit zu essen, empfiehlt sich der Besuch einer Pizzeria oder Imbißstube (*Tavola calda*), denn im Ristorante oder der Trattoria erwartet man vom Gast, daß er mindestens zwei bis drei Gänge zu sich nimmt. Ein ausgiebiges Mahl besteht aus einer meist kalten Vorspeise (*antipasto*), gefolgt von den *primi piatti*, den warmen Vorgerichten, die fast immer Nudeln oder Reis (*pasta* oder *risotto*) zur Grundlage haben, abends aber auch aus Suppe (*minestra*) bestehen können, und dem Hauptgang, den *secondi piatti* (Fleisch, Fisch, Geflügel). Den Salat dazu macht man sich

mit Essig und Öl selbst an. Bei den Nachspeisen hat man die Wahl zwischen Käse (*formaggio*), Obst (*frutta*), Eis (*gelato*) und süßem Kuchen und Gebäck (*dolci*). Und kein Essen ohne einen Espresso oder eine *grappa* zum Abschluß!

Für wen zu einer guten Mahlzeit auch ein «stilvolles» Ambiente gehört, der kann in vielen Orten der Toskana in historischen Gemäuern speisen. Hier nur eine kleine Auswahl: In einem mittelalterlichen Palast ist das Restaurant *Buca di S. Francesco* in *Arezzo* untergebracht, die *Taverna del Bronzino* in *Florenz* sogar in alten Kirchengewölben; in der Burg von *Montalcino* befindet sich die *Enoteca La Fortezza Montalcino*, die *Taverna del Vecchio Borgo* von *Massa Marittima* in einem Keller des Mittelalters. Das elegante *Sergio* in *Pisa* (Lungarno Pacinotti 1) ist stolz auf seine tausendjährigen Mauern, und im Restaurant *Al Marsili* in *Siena* (im gleichnamigen Palast zwischen Campo und Dom) hat der Gast die Gewähr, daß der Wein in ehemaligen etruskischen Grabkammern gelagert wird; Sienas *Medioevo* hat sich in einem stimmungsvollen mittelalterlichen Turmhaus eingerichtet (Via dei Rossi 40).

MITTAGS IST «GROSSE PAUSE»

Öffnungszeiten sind eine heikle Angelegenheit, denn kaum hat man sie zusammengestellt, sind sie schon wieder überholt. Deshalb nur soviel: Die für den Urlauber so wichtigen Banken haben üblicherweise zwischen 8.30 und 13.30 Uhr geöffnet, eventuelle Schalterstunden am Nachmittag sind zu erfragen. Geschäftsleute sind in Italien flexibel, als Leitwert kann man zwischen Montag und Freitag von 8.30–12.30 Uhr und 15.30–19.30 Uhr ausgehen – sollte aber auch bei anderer Regelung niemals vergessen, daß die Mittagspause, ob nun in Florenz oder auf Elba, mindestens drei Stunden beträgt. In Touristenorten an der Küste haben Läden oft bis spät am Abend geöffnet. Viele Museen sind nur vormittags zu besuchen (werktags 9–14 Uhr, sonntags 9–13 Uhr), bei ganztägig zugänglichen muß man wiederum die dreistündige Mittagsruhe einplanen. Im musealen Bereich hat sich vielerorts die europäische Regelung durchgesetzt, die Türen am Montag geschlossen zu halten – doch gibt es Ausnahmen. Auf jeden Fall sollte man sich im örtlichen Tourismusbüro oder in seinem Hotel informieren und auch beachten, daß manche Öffnungszeiten sich im Winter verkürzen.

WO KAUFT MAN WAS?

Natürlich sind einige der kulinarischen Spezialitäten der Toskana als Mitbringsel für daheim geeignet, doch auch an «Beständigerem» gibt es Auswahl:

Florenz ist bekannt für seine Lederwaren; Schmuck findet man vor allem auf dem Ponte Vecchio, Antiquitätengeschäfte sind in der Via Maggio, Via dei Fossi und Via Borgognissanti. Korbwaren und Kunsthandwerk werden wochentags in der Loggia del Mercato Nuovo angeboten. Auf dem «Mercato di S. Lorenzo» erhält man neben Lebensmitteln auch Kleidung und schönes Florentiner Handwerk.

NICHT NUR PASTA UND PIZZA

Toskanische Küche mit Tradition

Ein tiefroter Wein im Glas, und dazu der Duft von Olivenöl und Knoblauch ... Wer die Toskana erleben möchte, sollte sich nicht auf eine Pizza zwischen zwei Museumsbesuchen beschränken. Die Spezialitäten der Region verdienen es ganz einfach, probiert zu werden!

Die toskanische Küche ist so vielfältig wie die Landschaftsformen dieser Region: In den ausgedehnten Küstengebieten wird man vor allem Fischspezialitäten finden, in den Hügellandschaften weiden Schafherden und wechselt Wild, am unteren Teil der Bergregionen gibt es Pilze, Kräuter und ganze Wälder von Eßkastanienbäumen, in den fruchtbaren Ebenen und Tälern gedeihen die Rinder, die das Fleisch für die «Bistecca fiorentina» liefern, und werden Weizen fürs Brot und Hartweizen für die Nudeln angebaut.

Die toskanische Küche ist echt und ursprünglich und hält nichts von den oft übertrieben und bemüht wirkenden Raffinessen der «Nouvelle cuisine». Das Feinste, was sie zu bieten hat, ist die bereits erwähnte «Bistecca fiorentina»: Ein abgehangenes Stück Rindfleisch – im Idealfall aus dem Chianatal – wird gegrillt, mit Salz, Pfeffer, Öl und Zitronensaft gewürzt – fertig. Eine andere, ebenso einfache, aber herrliche Köstlichkeit ist die «Bruschetta»: Geröstete Landbrotscheiben werden mit Knoblauch und Salz gewürzt und in Olivenöl getränkt. Mit einfachsten Mitteln wird auch «Ribollito» hergestellt, eine Bohnensuppe mit Brühe, Brot und rohen lila Zwiebelringen. Eine sehr scharfe toskanische Variation der Bouillabaisse ist der typisch tyrrhenische «Cacciucco», der in den Maremmen in der «Aquacotta», einer Zwiebelsuppe, ein Pendant hat. Örtliche Spezialitäten sind beispielsweise in Lucca «Frantoiana» (Gemüsesuppe), in Pisa Wildfleisch mit «pallette» (Nocken aus Weizen- und Maismehl), in Pistoia «Pappardelle alla lepre» (Nudeln mit Hasensauce) und «Lasagne cacciagione» (Nudeln mit Wildsauce), in Siena «Zuppa di fagioli e salsiccia» (Bohnensupe mit Wurst) und «Fritelle» (Reiskuchen). Aus Siena stammen auch berühmte süße Backwaren wie «Panforte» (Lebkuchen), «Ricciarelli» (Mandelgebäck), «Copate» (mit Marzipanfüllung) und «Cavallucci». Der «Castagnaccio» wird bevorzugt im Herbst gegessen: Ein Teig aus Kastanienmehl und Wasser wird mit Rosmarin gewürzt, mit Olivenöl beträufelt, mit Pinienkernen bestreut und dann im Ofen gebacken. Zur Karnevalszeit gibt es in Florenz die «Schiacciata alla fiorentina», mit Puderzucker bestäubtes Hefegebäck.

In der ganzen Toskana beliebt ist das Eintauchen von «Cantuccini», einem harten Mandelgebäck, in den «heiligen Wein», den Vino Santo: Er ist aus Trebbiano- und Malvasiatrauben gekeltert, die monatelang auf Strohmatten zu Rosinen schrumpften; anschließend wird der Most fünf Jahre in kleinen Fässern ausgebaut. Diese Reifung, die den Wein stark fermentieren läßt, bringt einen vollmundigen, kräftigen Digestifwein hervor.

Als Käsesorten sehr verbreitet sind der aus Schafsmilch hergestellte frische «Ricotta» und der «Pecorino», der in drei verschiedenen Reifegraden angeboten wird. Den am längsten gelagerten Pecorino verwendet man – wie Parmesan – zum Würzen. Der «Mozzarella», ursprünglich ein junger Büffelkäse aus der Maremma, wird heute meist aus Kuhmilch hergestellt.

Zu den Grundlagen der mediterranen Küche und damit auch zu denen typisch toskanischer Gerichte gehören zwei Ingredienzen, die im besten Fall ebenso kostbar sind wie wertvolle Weine, diese im Preis manchmal sogar übertreffen: Der würzige Essig «Aceto balsamico» und kaltgepreßtes Olivenöl. Es sind Spitzenprodukte von Qualität und Charakter, fernab jeglicher Massenware. Die elegan-

Links: Eine gute Mahlzeit fördert auch in der Toskana das Gespräch und hebt die Stimmung.

Unten: Stolz auf sein qualitätvolles Erzeugnis ist dieser toskanische Olivenbauer.

Oben: In altem Gemäuer wird hier in Pienza Käse für wirklich jeden Geschmack angeboten – und der passende Wein gleich dazu.

Rechts oben: Frisch vom Baum, reif für die Pressung – ertragreich war die Olivenernte bei Volterra.

Rechts Mitte: Wenn die Tomaten getrocknet sind, werden sie in Olivenöl eingelegt.

Rechts unten: Rege Diskussion unter würzigem Schinken im renommierten «Il Latini» in Florenz.

Ganz rechts: Weinkeller bei Ville di Corsana.

ten Designerflaschen enthalten nur einen Bruchteil herkömmlichen Inhalts, doch reichen schon ein paar Tropfen Balsamico-Essig, um den Geschmack eines Salates köstlich abzurunden. Für seine Herstellung werden weiße Trauben von den Stielen befreit, ausgedrückt, passiert und über dem offenen Feuer in Stahlbehältern auf 80 Grad Celsius erhitzt. Zusammen mit aromatisierenden Wurzeln kommt die Flüssigkeit in immer kleinere Holzfässer, bis sie ihre begehrte dichte Konsistenz, schwarzbraune Farbe und unvergleichlich milde, feine Würze erlangt. Das «Extra Virgine» Olivenöl wird oft auf Weingütern hergestellt, jede Flasche wird numeriert und wie edler Wein gehütet. Und damit sind wir endlich bei einem weiteren typischen Produkt der Region:

Das berühmteste Getränk der Toskana ist zweifellos der «Chianti»-Wein, der in sieben Zonen angebaut wird. Das Anbaugebiet des «Chianti Classico» (kräftig; hat den schwarzen Hahn als Emblem) liegt zwischen Florenz und Siena auf einer Fläche von 73 000 Hektar. Daneben gibt es noch den leichteren und milderen «Chianti Putto» mit weinlaubumranktem Baby-Bacchus als Symbol. Einen schönen Ausblick über das Gebiet hat man von der 578 Meter hoch gelegenen Ortschaft Castellina in Chianti. «Chianti» wurde früher aus vier verschiedenen Trauben zusammengestellt, zwei roten (Sangiovese und Canaiolo) und zwei weißen (Trebbiano Toscana und Malvasia). Die roten Sangiovesetrauben machen den Hauptanteil aus. Heute lassen die meisten Winzer die weißen Trauben ganz oder fast ganz weg und ersetzen sie oft durch Cabernet. «Chianti» muß zwei Jahre in Fässern lagern, bevor er abgefüllt und verkauft werden darf. Das Gockelsiegel mit silbernem Rand bedeutet «Vecchio» (zwei Jahre gekellert), mit goldenem Rand «Riserva» (drei Jahre). Ein bekanntes Weinanbaugebiet ist auch die Gegend um Montepulciano, wo der «Nobile» und der «Vino Santo» wachsen. Der «Nobile»-Wein muß vier Jahre alt sein, wenn er auf den Markt kommt, der «Brunello» aus Montalcino sogar fünf Jahre. In Montalcino gedeiht außer dem gehaltvollen «Brunello» der «Bianco di Montosoli» und der «Brusco dei Barbi». Bekannte Weißweine sind der «Bianco di Pitigliano» und der «Vernaccia» aus San Gimignano. Im Umkreis des Seebades Marina di Castagneto (südlich von Livorno) werden ausgefallene Weine angebaut: der «Rosé di Bolgheri», der «Serristori Rosé» und der rote «Sassicaia». Lucca wartet mit dem örtlichen Rotwein «Cercatoia» auf. Das Weinbauzentrum auf Elba liegt um Marciana. Die Prädikate DOC und DOCG (Denominazione di origine controllata e garantita) versichern, daß der Wein aus einer registrierten Gegend und von ausgesuchten Weinbergen stammt, sorgfältig hergestellt und korrekt gelagert wurde, also absolut rein und damit garantiert bekömmlich ist. Bei so vielen guten Weinen ist natürlich auch die «Grappa» schmackhaft: Dieser aus Weintrester gewonnene Schnaps, der die zugrundeliegende Rebsorte erkennen lassen sollte, wird nach traditioneller Methode destilliert und in Holzfässern gereift. Sein Aroma durchzieht im Herbst die Weindörfer; begleitet von zartem Knoblauchduft weist er den Weg zu den meist einfach eingerichteten einheimischen Speiselokalen, die von oft erstaunlicher Qualität sind.

Eva Christina Vollmer

Eine relativ günstige Einkaufsstadt für modische Kleidung, Taschen, Schuhe, Kupferreliefarbeiten und Schmiedehandwerk ist *Pistoia.* Alabasterprodukte sollte man am besten in *Volterra* kaufen, Terrakotta in *Impruneta.* Repliken etruskischer Schmuckgegenstände gibt es bei «Arte Etrusca» in *Massa Marittima*, Vicolo Porto. Monatliche Antiquitätenmärkte finden in Arezzo, Carrara, Fiesole, Florenz, Lucca, Pisa, Pistoia und Viareggio statt; Originelles erwerben und dabei sogar noch ein «Schnäppchen» machen, kann man bei Versteigerungen, «Asta» genannt, für die vor allem die Kurorte *Montecatini Terme* und *Chianciano Terme* bekannt sind.

Schon Tage vor dem «Palio» feiert man in den Stadtteilen Sienas – hier bei der «Contrada del Duomo».

GESCHICHTE WIRD ZUM FEST

Die Toskana ist besonders reich an Festen historischen Ursprungs. Das berühmteste ist wohl der «Palio delle contrade» in *Siena*, der aus einem festlichen Umzug und einem halsbrecherischen Pferderennen auf der Piazza del Campo besteht und alljährlich am 2. Juli und am 16. August Tausende in seinen Bann zieht. Dieser Wettkampf zwischen den Stadtteilen (Contrade) Sienas hat seine Wurzeln im Mittelalter.

In *Florenz* spielt man beim «Gioco del Calcio» eine Art Rugby in historischen Kostümen (regelmäßig am 24. Juni auf der Piazza S. Croce, wenn Florenz sein Johannes-Fest feiert); «Lo scoppio del carro» (der explodierende Leiterwagen) am Ostersonntag – zwischen Dom und Baptisterium – beinhaltet heidnische Mythologien; die «Festa della Rificolone» am 7. September ist ein Laternenumzug.

Am ersten Septembersonntag vergnügt man sich in *Arezzo* beim mittelalterlichen Ritterspiel «Giostro del Saracino» (Lanzenstechen auf der Piazza Grande). Zu Ehren des «Volto Santo», eines langgewandeten Kruzifixes im frühbyzantinischen Stil, das als Gnadenbild im Mittelalter in ganz Europa berühmt war, zieht am 13. September, der «Festa della Santa Croce», eine Lichterprozession durch die Straßen von *Lucca.* In *Massa Marittima* feiert man zweimal im Jahr (am Sonntag nach dem 20. Mai und am zweiten Sonntag im August) den farbenfrohen «Balestro del Girifalco» bei dem Armbrustschützen und Fahnenschwinger zu bewundern sind.

Pisa gedenkt seiner ruhmreichen Vergangenheit als mächtige Seerepublik mit dem Wettstreit «Palio delle antiche Repubbliche Marinare», dem «Gioco del Ponte» (erster Sonntag im Juni; etwa 600 Teilnehmer in historischen Kostümen) und dem historischen Bootsrennen «Regata di San Ranieri» (16./17. Juni) mit prächtiger Illumination der Uferpromenaden, die einen unvergeßlichen Eindruck hinterläßt. Ein Weinlesefest feiern die Pisaner im September.

Auch den Freunden der Musik hat die Region zwischen April und September viel zu bieten: Die international bekannteste Musikveranstaltung der Toskana ist der «Maggio Musicale Fiorentino» (Mai/Juni) in *Florenz* mit erstklassigen Opernaufführungen und Konzerten. Liebhaber klassischer Musik werden auch in *Lucca* («Sagra Musicale Lucchese», April–Juni, und «Estate Musicale Lucchese», Juli–September) und *Siena* («Estate Senese», Juli bis September, und «Settimana Musicale Senese» im August) auf ihre Kosten kommen. Ein von dem deutschen Komponisten H. W. Henze begründetes Musik- und Theaterfestival ist der «Cantiere Internazionale d'Arte» in *Montepulciano* (Juli/August). Opernfreunden ist das Opernfestival von *San Gimignano* im Juli/August ein Begriff. In *Arezzo* findet im August ein internationaler Chorwettbewerb statt.

SEHENSWERTE ORTE UND LANDSCHAFTEN

Ziffern im Kreis verweisen auf die Karte Seite 57, kursive Ziffern auf Abbildungen.

AREZZO (1) (92 000 Einwohner). Hauptstadt der gleichnamigen Provinz; im Altertum als Arretium eine der wichtigsten etruskischen Städte (das römische Theater aus dem 1. Jahrhundert ist noch erhalten). Geburtsort der Dichter Francesco Petrarca (1304–1374), Pietro Aretino (1492–1556) und des Künstlerbiographen Giorgio Vasari (1511–1574). Arezzo ist berühmt wegen des *Freskenzyklus* von Piero della Francesca in der gotischen Kirche S. Francesco. S. Domenico besitzt ein kostbares bemaltes Holzkreuz von Cimabue (um 1260). Im romanisch-gotischen Dom die «Arca di S. Donato» und Terrakottastatuen von Andrea della Robbia. An der *Piazza Grande*, wo monatlich ein großer Antiqui-

Ihr heutiges Aussehen erhielt die Piazza Grande von Arezzo vor allem im 13. und 14. Jahrhundert.

tätenmarkt abgehalten wird, stehen repräsentative Paläste und die romanische Kirche Pieve di S. Maria Assunta mit dekorativer Fassade (innen ein Flügelaltar von Pietro Lorenzetti, 1320). Im Kloster S. Bernardo ist das Archäologische Museum untergebracht; ein Museum für mittelalterliche Kunst ist in der Via San Lorentino 8. Zwei Kilometer südlich liegt S. Maria delle Grazie mit einem Renaissanceportikus von Benedetto da Maiano (1480). Vielbesuchtes Ausflugsziel ist der *Monte Secchietta* (1450 Meter) beim Kloster *Vallombrosa* (Übernachtung im Kloster nach vorheriger Anmeldung). *33, 35*

CAMALDOLI ②. 47 Kilometer nördlich von Arezzo. 1012 gegründetes, reizvoll 816 Meter hoch gelegenes Stammkloster des Kamaldulenserordens mit Kunstschätzen aus sieben Jahrhunderten (Kreuzgänge, Apotheke aus dem 16. Jahrhundert, Barockkirche). In 1104 Metern Höhe die Einsiedelei mit 20 Mönchszellen.

CARRARA ③, in den Apuanischen Alpen gelegen mit 70 200 Einwohnern. Seit römischer Zeit Zentrum der Marmorgewinnung und -verarbeitung (*siehe rechts*). Ein Besuch von einem der über 300 Steinbrüche, wie zum Beispiel Colonnata, Fantiscritti und Ravaccione, ist empfehlenswert. Romanisch-gotischer Dom (11. bis 14. Jahrhundert) mit Marmorfassade und Marmoraltären. Der Palazzo Ducale beherbergt die 1769 gegründete Kunstakademie mit einer Sammlung römischer Funde. In der Nähe bei Marinella di Sarzana die römischen Ausgrabungsstätten von *Luni*.

CASENTINO ④ ist ein ruhiges Erholungsgebiet im oberen Arnotal mit sehenswerten Ortschaften wie *Bibbiena*, *Poppi* und *Soci* (Spezialität sind schöne handgewebte Stoffe und Teppiche).

CHIANTI ⑤. Berühmtestes Weinanbaugebiet der Toskana zwischen Val d'Elsa und Valdarno (*siehe auch Seite 61*).

CHIUSI ⑥. Der Ort (9000 Einwohner) war eine der größten etruskischen Städte und Zentrum für Grabkeramik; zahlreiche Funde, unter anderem die bekannte Sphinx von Chiusi, im Etruskischen Museum, Via Porsenna 7. Die Nekropolen Tomba della Pellegrina und Tomba del Leone mit ausgemalten Grabkammern aus dem 5. Jahrhundert v. Chr. sind nur mit Führer zu besichtigen (Auskunft im Touristenbüro, Via Petrarca 4). In der Nähe die Thermen von *Chianciano*.

COLLINE METALLIFERE ⑦. Erzhaltige Hügel zwischen Volterra und Massa Marittima, die schon die Etrusker nutzten.

WEISSER MARMOR FÜR «IL GIGANTE»

Marmor ist ein vielseitig zu verarbeitendes Material, und sein sanfter Schimmer erhöht noch den Reiz so manchen Kunstwerks. Den besten Ruf genießt wohl der Marmor aus den Brüchen nahe Carrara in den Apuanischen Alpen.

Die Brüche: Monumentale Stufen aus Marmor.

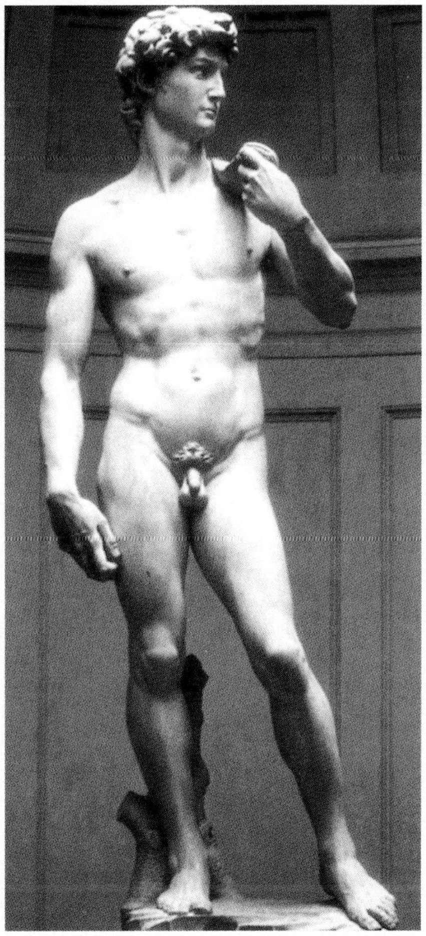

Beste Werbung für Carrara: «Il Gigante» (s. S. 41).

Ein großer, grob verhauener Marmorblock lagerte seit vielen Jahren in der Opera del duomo (Dombauhütte) in Florenz. Mehrere Künstler hatten sich daran versucht, doch keiner wagte es, aus dem gigantischen Block eine Statue herauszuhauen. «Es hielt schwer», schrieb der Künstlerbiograph Giorgio Vasari, «eine ganze Statue daraus zu arbeiten, ohne daß man ein Stück ansetzte, und keinem reichte der Mut dazu, außer Michelangelo.» Am 16. August 1501 schloß Michelangelo mit der Opera einen Vertrag, nach dem er aus dem Marmorklotz innerhalb von zwei Jahren ein Standbild meißeln sollte. Und das Werk gelang: 1504 wurde der «David», von den Florentinern «Il Gigante» genannt, auf der Piazza della Signoria aufgestellt. Der gleichmäßig weiße, sehr feinkörnige und glänzende Marmor stammte aus Carrara in den Apuanischen Alpen – und es war nicht das letzte Mal, daß Michelangelo das kostbare, sorgfältig ausgewählte Material für seine Skulpturen aus dieser Region bezog.
Schon zu Zeiten der Römer wurde in der Gegend um Carrara Marmor gewonnen, und seitdem ist er in Italien zu allen Zeiten vornehmlich für Statuen, aber auch für Bauwerke verwendet worden. Im 18. Jahrhundert haben die klassizistischen Bildhauer die Vorzüge des carrarischen Marmors, seine Feinheit und Transparenz gepriesen. So läßt Johann Heinrich Dannecker für seine berühmt gewordene Porträtbüste des Dichters Friedrich Schiller 1794 mit großem Stolz «würklich cararischen Marmor kommen».
Natürlich war der Transport der Marmorblöcke ehemals ungleich komplizierter als heute. Erst die 1876 gebaute Eisenbahn löste die Beförderung durch Ochsengespanne ab, von der sich der englische Dichter Charles Dickens 1844 anläßlich eines Besuches der Brüche bei Carrara äußerst bestürzt zeigte: Je nach Größe der Blöcke wurden bis zu 20 Paare der Zugtiere angespannt, grausam über den beschwerlichen Weg getrieben und verendeten oft noch während ihrer Arbeit.
Gegen Ende des 19. Jahrhunderts setzten sich auch neue Abbautechniken durch. Wurden früher die Klötze mit Meißel und Keilen gespalten, konnte man nun bequemer und schneller mit speziellen Drahtsägen den Stein vom Berg schneiden und in Stücke zerlegen. Die immer noch riesigen und bis zu 20 Tonnen schweren Blöcke werden heute zur Weiterbeförderung auf Lastwagen zur Küste gebracht. Die schwere und dabei schlecht bezahlte Arbeit in Carraras Marmorbrüchen hat in der Vergangenheit immer wieder zu Streiks und Aufständen geführt. *Sabine Mertens*

CORTONA ⑧ (22 000 Einwohner). Auf einem Felsvorsprung über dem Val di Chiana gelegenes Städtchen etruskischen Ursprungs. Nekropolen an der Straße nach Arezzo; Etruskisches Museum an der Piazza Luca Signorelli; mehrere mittelalterliche Palazzi. Geburtsort der Maler Luca Signorelli (um 1445–1523) und Pietro da Cortona (1596–1669) und Wirkungsstätte der 1297 hier gestorbenen heiligen Margarete (Wallfahrtskirche). Drei Kilometer südlich ein bedeutender Zentralbau der Renaissance, Madonna del Calcinaio. Im Ort findet jährlich (15. August bis 25. September) eine Antiquitätenmesse statt.

ELBA ⑨ (Provinz Livorno) ist mit 223 Quadratkilometern die größte Insel des Toskanischen Archipels. Der Name leitet sich vom etruskischen «ilva» (Eisen) ab. Berühmt wurde die Insel durch den zehnmonatigen Aufenthalt Kaiser Napoleons I., der 1814/15 hier im Exil lebte. Hauptort ist *Portoferraio* (12 000 Einwohner), überragt von mächtigen Festungswerken, von denen aus man einen wunderbaren Ausblick hat. Im oberen Stadtteil liegt das Wohnhaus Napoleons, Palazzo Mulini genannt, während man acht Kilometer südlich in S. Martino Napoleons Sommerresidenz mit schönem Park besuchen kann. Elba ist wegen des milden Klimas und der vielen Badebuchten mit Sandstränden ein beliebtes Ferienziel. Bekannte Badeorte sind Biodola, Cavo, Marina di Campo, Marciana Marina, Procchio und Seccheto. Eine Gondelbahn fährt auf den Monte Capanne (1018 Meter). Bootsrundfahrten um die Insel finden täglich (außer sonntags) von Portoferraio und Porto Azzurro aus statt. *56*

EMPOLI ⑩ ist eine Industriestadt in der Provinz Florenz, im Arnotal gelegen, mit 45 500 Einwohnern. Ein großer Teil der strohumflochtenen Chiantiflaschen kommt aus dieser Stadt, die für ihre Glasfabriken bekannt ist. Hauptkirche ist die 1093 begonnene Collegiata di S. Andrea mit einer Fassade aus weißem und grünem Marmor und einem Kunstmuseum. Nördlich von Empoli wurde in *Vinci* der Universalkünstler Leonardo da Vinci (1452 bis 1519) geboren. An ihn erinnert in der Burg das *Museo Leonardino.*

FIESOLE ⑪ (15 000 Einwohner). Etruskerstadt und Bischofssitz auf steiler Anhöhe, acht Kilometer nordöstlich von Florenz gelegen, Geburtsort des Bildhauers Andrea Ferrucci, genannt Andrea da Fiesole (1465). Einer der bedeutendsten in Fiesole wirkenden Künstler war der Maler Fra Angelico (wohl um 1401–1455), der ab etwa 1420 Mitglied des dort ansässigen Dominikanerkonvents war.

Der romanische Dom (1028 begonnen, 1256 wiederaufgebaut) besitzt reichen Freskenschmuck in der Krypta und der Apsis sowie Skulpturen von Mino da Fiesole (15. Jahrhundert). Nördlich anschließend das Museo Bandini. Hinter dem Dom erstreckt sich die Zona Archeologica mit der größten Sehenswürdigkeit des Ortes, dem römischen Theater, Resten etruskischer Mauern, römischen Thermenanlagen und dem archäologischen Museum. Von Fiesole aus hat man herrliche Ausblicke auf die Hügellandschaft im Norden von Florenz. Ein besonders schönes Panorama breitet sich vor der Terrasse des Franziskanerklosters aus; der gotischen Kirche aus dem 14. Jahrhundert und dem kleinen Museum mit Kunstwerken und Gebrauchsgegenständen aus dem fernen Orient sollte man bei Gelegenheit möglichst auch einen Besuch abstatten.

Das religiöse Zentrum besteht aus dem romanischen *Baptisterium* mit seinen berühmten Bronzeportalen von Andrea Pisano und Lorenzo Ghiberti, dem 82 Meter hohen gotischen *Campanile* (Aufstieg über 416 Stufen) und dem in der Renaissance vollendeten drittgrößten *Dom* Italiens mit der stadtbeherrschenden 114 Meter hohen Kuppel, einem technischen Meisterwerk Filippo Brunelleschis mit 45 Metern Durchmesser (*siehe Seite 45*). Allen drei Bauwerken gemeinsam sind die polychromen Marmorfassaden. Im Dommuseum befinden sich hochbedeutende Ausstattungsstücke, so die Sängerkanzeln von Donatello und Luca della Robbia, sowie eine Pietà von Michelangelo.
Zentrum des politischen Lebens ist die *Piazza della Signoria*, mit dem Domplatz verbunden durch die Via dei Calzaiuoli (an ihr liegt die eigenartigste Kirche der

Ausruhen von all den Kunsteindrücken, die Florenz bietet, kann man im Kreuzgang von San Lorenzo.

Das drei Kilometer südlich von Fiesole liegende ehemalige Benediktinerkloster Badia Fiesolana (mit einer Marmorfassade aus dem 12. Jahrhundert) ist heute Sitz der ersten Europäischen Universität.

FLORENZ (FIRENZE) ⑫ (470 000 Einwohner). Die Hauptstadt der Toskana ist mit 80 Kirchen und Klöstern, 40 Museen und Galerien und über 200 Palästen neben Rom die kunstreichste Stadt Italiens. Das antike Florentia war eine Gründung Cäsars (59 v. Chr.). Ab dem 11. Jahrhundert erweiterte die Stadt ihre Macht bis zur beherrschenden Stellung in Mittelitalien. Im westeuropäischen Wirtschaftsleben erlangte Florenz durch seine Tuchindustrie und dann durch seine Bankiers eine führende Stellung. Seit 1434 wurden die Geschicke der Stadt von der Familie Medici bestimmt. Von 1865 bis 1871 war Florenz die Hauptstadt des neuen Königreichs Italien.

Stadt, Orsanmichele, aus dem 14. Jahrhundert, die Sakralraum und Getreidespeicher verbindet). Der *Palazzo Vecchio* mit seinem 94 Meter hohem Turm, ehemals Amtssitz der Stadtregierung, birgt eine Fülle sehenswerter Räume. Vorbei an der Loggia dei Lanzi gelangt man zu dem ehemaligen Verwaltungsgebäude der *Uffizien*, welche die größte Gemäldesammlung Italiens beherbergen. Ein Kuriosum ist der 1565 von Giorgio Vasari angelegte private Korridor der Medici, der im Palazzo Vecchio beginnt, durch die Uffizien und über den mit Läden und Brückenhäusern überbauten Ponte Vecchio bis zum Palazzo Pitti führt (Besichtigung nur in Gruppen mit Anmeldung).
Dominante im Westen der Stadt ist die gotische Dominikanerkirche *S. Maria Novella* mit wertvoller Ausstattung, zu der im Osten die größte Franziskanerkirche der Welt, *S. Croce*, den Gegenpol bildet. In

S. Croce befinden sich unter anderen die Grabmäler von Michelangelo, Galilei, Machiavelli, Vespucci, Rossini; besonders sehenswert sind die berühmten *Giotto-Fresken.* Der Besuch des Museo dell'Opera di S. Croce ermöglicht den Zugang zur Pazzikapelle von Brunelleschi, einem Schlüsselbau der Florentiner Renaissance.
Nördlich des Doms liegt die kunsthistorisch bedeutendste Kirche der Stadt, S. Lorenzo, Haus- und Grabkirche der Medici. Brunelleschi und Michelangelo hinterließen hier einzigartige Werke der Architektur und Plastik. Im ersten Stock des Kreuzgangs Michelangelos Biblioteca Laurenziana mit einem grandiosen Treppenaufgang. Lohnende Kirchen sind auch S. Trinità mit Fresken von Ghirlandaio (entstanden 1479–1486) in der Sassetti-Kapelle, S. Firenze als eines der seltenen Zeugnisse der Florentiner Barockarchitektur, SS. Annunziata von Michelozzo, S. Maria Maddalena dei Pazzi mit Perugino-Fresken im Kapitelsaal, S. Marco mit vollständig erhaltenem Renaissancekloster, S. Spirito von Brunelleschi, S. Maria del Carmine mit Fresken von Masaccio in der Brancacci-Kapelle. Im Refektorium der Ognissanti-Kirche befindet sich das Abendmahlfresko Ghirlandaios von 1480.

Die reiche Marmorfassade von Santa Croce.

Die vornehmsten *Renaissancepaläste* sind der Palazzo Rucellai, der Palazzo Strozzi und der Palazzo Medici-Riccardi (Innenhof, Kapelle mit Fresken von Benozzo Gozzoli, 1459/60 und Medici-Museum).
Jenseits des Arno, im Süden der Stadt, erhebt sich der gewaltige Komplex des *Palazzo Pitti* aus dem 15. Jahrhundert mit weltberühmter Gemäldesammlung, Galleria Palatina, und unter anderem einem Silbermuseum. Hinter dem Palast erstreckt sich der 1550 begonnene *Boboli-Garten* auf einer Grundfläche von 45 000 Quadratmetern, eine der prachtvollsten Gartenanlagen Italiens.
Weitere Museen: Museo Nazionale (Skulpturen und Kunstgewerbe) im Palazzo del Bargello; Museum für historische Wohnkultur im Palazzo Davanzati, Via Porta Rossa; Archäologisches Museum im Palazzo della Crocetta, Via della Colonna 36; Galleria dell'Accademia mit Werken Michelangelos, Via Ricasoli 60. *1, 38, 39, 40, 41, 42/43, 44, 58/59, 64, 65, 76/77*

GALLUZZO ⑬ ist ein sechs Kilometer südlich gelegener Stadtteil von Florenz mit einem 1341 gegründeten Kartäuserkloster. Einblick in mittelalterliches Klosterleben gewähren die am großen Kreuzgang angeordneten und für diesen Orden typischen Mönchshäuschen.

GARFAGNANA ⑭ heißt die waldreiche, vom Serchio durchflossene Tallandschaft zwischen den Apuanischen Alpen und dem Hauptkamm des Apennin im Norden der Toskana, bei Wanderern beliebt.

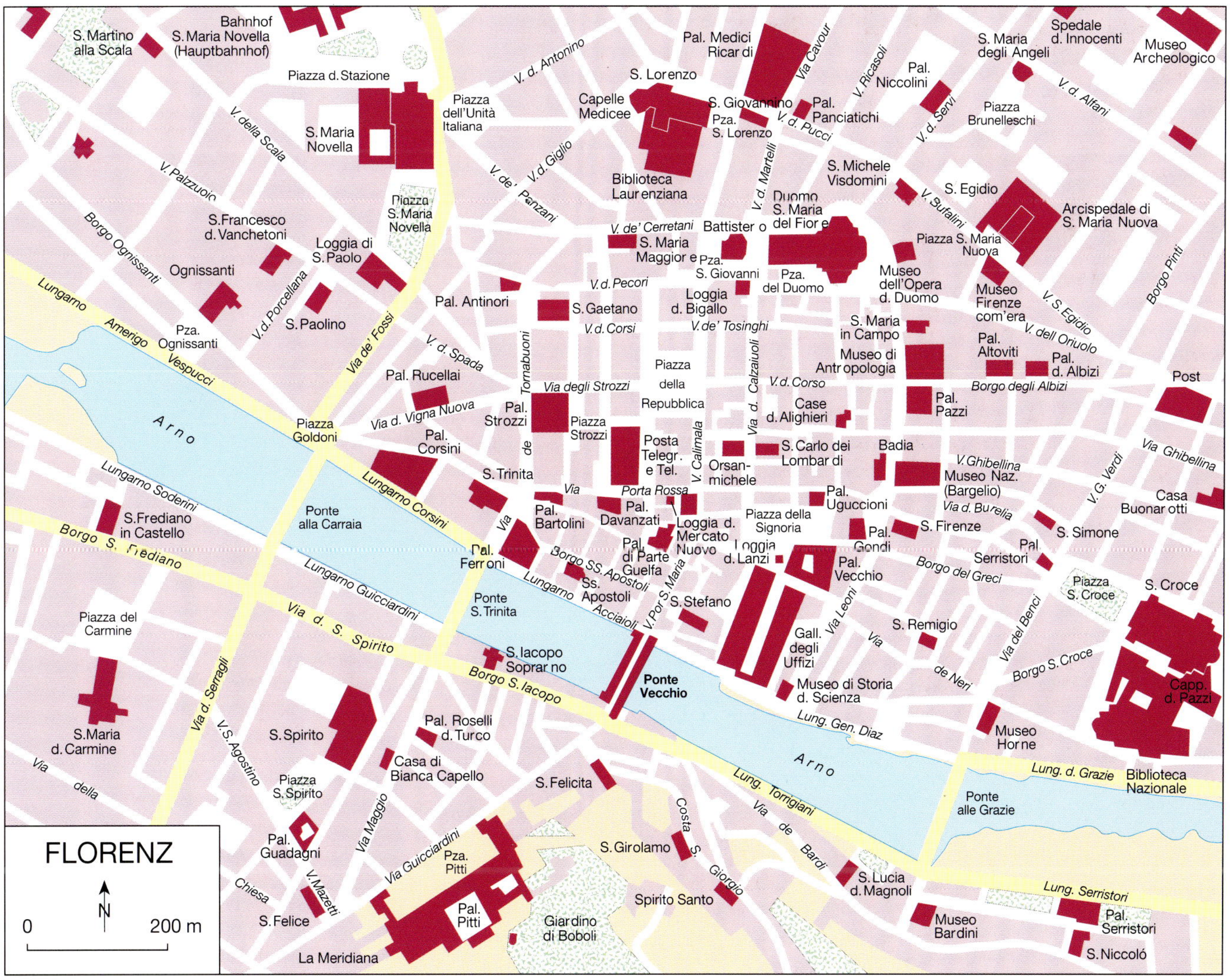

DAS «HÖLZERNE BENGELE» AUS DER TOSKANA

Pinocchio und sein Schöpfer

Sehenswert ist im Städtchen Collodi in erster Linie die Villa Garzoni, deren reizvolle Gartenanlage zu den schönsten Italiens gehört. Bekannt geworden ist Collodi aber auch durch den Schriftsteller Carlo Lorenzini (1826–1890), der zwar im nahen Florenz lebte, der sich – nach dem Geburtsort seiner Mutter – jedoch Collodi nannte und unter diesem Pseudonym die Geschichte von Pinocchio, dem «Holzbengele» verfaßte.

Aus einem Holzscheit schnitzt der arme Geppetto einen Hampelmann mit großer Nase – und mit beweglichen Beinen, auf denen die Puppe sofort wegläuft. Viele Abenteuer hat der Kleine nun zu bestehen; alle guten Vorsätze sind stets schnell wieder vergessen, und durch Neugier und Ungehorsam gerät er in manche Bedrängnis, aus der hilfreiche Tiere und eine schöne Fee mit blauem Haar ihn immer wieder retten. Im Bauch eines Hais trifft er schließlich seinen «Vater», den Schnitzer Geppetto, wieder. Beide können sich retten, und als Pinocchio nun fleißig zu arbeiten beginnt, wird er von der Fee belohnt: Er erwacht als lebendiger Junge.

Zwar aus Holz, doch höchst beweglich: Pinocchio.

Nicht nur in Italien und Deutschland ist das Buch mit Pinocchios Abenteuern bis heute erfolgreich, und die beliebte Verfilmung von Walt Disney kommt immer wieder einmal in die Kinos.

Abenteuerlich war auch das Leben des Autors: Collodi engagierte sich als Journalist im Widerstand gegen die Herrschaft der Österreicher in Italien, die er schon in den Aufständen von 1848 bekämpft hatte. Nach ihrem endgültigen Rückzug aus der Toskana (1859) wurde er einer der höchsten Beamten der neuen Regierung, zuständig für das Theaterwesen. «Le avventure di Pinocchio» schrieb er erst 1881, nach seiner Pensionierung. In Collodi erinnert an ihn heute der «Pinocchio-Park» mit nachgestellten Szenen aus dem Leben der Holzpuppe. *Thomas Bremer*

GROSSETO ⑮ (67 900 Einwohner). Hauptstadt der gleichnamigen Provinz am südlichen Rand der Maremma. In der von einer sechseckigen begehbaren Befestigungsanlage (16. Jahrhundert) umschlossenen Altstadt liegen der Dom (Baubeginn 1294) und die gotische Kirche S. Francesco. Im *Museo Nazionale della Maremma* (Piazza Beccarini 3) werden unter anderem etruskische Funde aufbewahrt. Elf Kilometer nordöstlich von Grosseto können in *Roselle* umfangreiche Reste einer Etruskerstadt besichtigt werden; *Vetulonia* im Nordwesten gehörte vor 2500 Jahren zu den bedeutenden Städten des etruskischen Zwölferbundes und weist sehenswerte Grabanlagen auf.

Oben: «Giganten» waren für Dante die Türme des 1203 von der Stadt Siena errichteten Kastells Monteriggioni.

Rechts oben: Das wehrhafte Rathaus in Grossetos historischem Kern.

IMPRUNETA ⑯. Gemeinde 13 Kilometer südlich von Florenz mit 11 000 Einwohnern. Das Städtchen verfügt über bekannte Keramik- und Töpferwerkstätten. Die Florentiner Domkuppel ist mit Ziegeln aus dieser Stadt gedeckt. In der *Basilika S. Maria dell' Impruneta* (11. Jahrhundert) sind die zwei Ädikula-Tempelchen von Michelozzo an beiden Seiten des Chores, ausgestattet mit Majolikaarbeiten von Luca della Robbia (1399–1482), sehenswert.

INSELN. Der Toskanische Archipel besteht aus sieben Inseln; → *Elba* ist deren größte. Zweitgrößtes Eiland ist mit 29 Quadratkilometern die Ziegeninsel *Capraia* ⑰ mit zahlreichen Grotten an der steilen Westküste. Sie ist vulkanischen Ursprungs. In ihrer Mitte liegt in 300 Metern Höhe ein Kratersee mit wilden Seerosen. Die touristisch gut erschlossene *Isola del Giglio* ⑱ (21 Quadratkilometer) mit ihrer charakteristischen schwarzen Granitküste ist ein idealer Standort für Unterwassersport (Korallenkolonien). Auf der *Isola di Giannutri* ⑲ kann man sich in Ferienbungalows einquartieren; die Siedlung wird weiter ausgebaut. Die Insel *Montecristo* wurde durch den Abenteuerroman von Alexandre Dumas berühmt. Sie ist ein unbewohntes Naturschutzgebiet und darf nur mit Sondergenehmigung angelaufen werden. Eine solche Genehmigung benötigt man auch für die Inseln *Pianosa* und *Gorgona*, allerdings nicht aus Gründen des Naturschutzes, sondern weil dort Strafkolonien angesiedelt sind.

LA VERNA ⑳. Nördlich von Arezzo gelegenes, 1213 vom heiligen Franziskus von Assisi gegründetes Kloster auf dem «Heiligen Berg der Toskana» (1129 Meter), wo er 1224 die Wundmale empfing; eine der wichtigsten Wallfahrtsstätten des Franziskanerordens. Der malerisch verschachtelte Baukomplex (13.–16. Jahrhundert) besteht aus drei Kirchen und fünf Kreuzgängen und ist von dichtem Wald umgeben. In der Nähe befindet sich *Caprese*, Geburtsort von Michelangelo Buonarroti, wo man Reproduktionen seiner Werke in der Burg und in der Casa del Podestà (beide 14. Jahrhundert) anschauen kann.

LIVORNO ㉑. Hauptstadt der gleichnamigen Provinz, bedeutendster Hafen und mit 175 000 Einwohnern zweitgrößte Stadt der Toskana. Geburtsort des Komponisten Pietro Mascagni (1863–1945) und des Malers Amedeo Modigliani (1884–1920). 1577 als Idealstadt im Sinne der Renaissance von den Medici gegründet; mächtige Bauwerke dieser Zeit sind die Alte und Neue Festung. Die schönsten Straßenzüge sind die Via Grande, Viale Italia und Via Cairoli. Im Museo Giovanni Fattori (Via della Libertà) werden Werke von Modigliani und der toskanischen Malergruppe der Macchiaioli gezeigt. Diese Kunstbewegung Mitte des 19. Jahrhunderts war der Schule von Barbizon und später dem französischen Impressionismus verpflichtet.

LUCCA ㉒. Hauptstadt der gleichnamigen Provinz am linken Ufer des Serchio mit 91 400 Einwohnern. Die von einer vier Kilometer langen *Ringmauer* (16./17. Jahrhundert) umgebene Altstadt besitzt zahlreiche Bauten aus Mittelalter und Renaissance, als die Stadt bedeutender Handelsplatz für Tuche und Stoffe (Seide, Brokat) war. Geburtsort der Komponisten Luigi Boccherini (1743–1805) und Giacomo Puccini (1858–1924), in dessen Geburtshaus sich heute ein kleines Museum befindet. Im Dom (12.–15. Jahrhundert) ist vor allem der «Volto Santo» und das Grabmal der Ilaria del Carretto von Jacopo della Quercia sehenswert. Die weiteren Kirchen entstammen meist dem 12. und 13. Jahrhundert, so S. Giovanni, S. Frediano (Fassadenmosaik), S. Francesco und S. Michele in Foro (mit bedeutender, am Dom zu Pisa orientierter arkadengeschmückter Fassade). Die auffallende Anlage der ovalen Piazza del Mercato geht auf ein römisches Amphitheater zurück, welches später mit Häusern überbaut wurde. Die 1418 erbaute Villa der Familie Giunigi, die von 1392 bis 1432 die Herrschaft über Lucca ausübte, ist heute Nationalmuseum; im Palazzo Mansi befindet sich die Staatliche Pinakothek. Im Palazzo *Controni-Pfanner* mit schönem Barockgarten lohnt der Besuch der Dauerausstellung «Costumi del XVIII e XIX Secolo» (Via degli Asili).
Die Umgebung von Lucca zeichnet sich durch repräsentative Villen aus dem 16. und 17. Jahrhundert aus, besonders prachtvoll sind die *Villa Torrigiani* in *Camigliano* und der Garten der *Villa Garzoni* in *Collodi*. Dort befindet sich auch der *Pinocchio-Park* (*siehe Seite 66*). Vom Kurort *Bagni di Lucca* geht es zum 1388 Meter hohen *Abetone-Paß*. *46, 47*

Rechts Mitte: Ebenfalls am Hauptplatz von Grosseto liegt der Dom San Lorenzo, dessen Fassade im historisierenden Stil erneuert wurde.

Unten: Weithin leuchtet das Fassadenmosaik von San Frediano in Lucca mit einer Darstellung der Himmelfahrt Christi.

MAREMMA ㉓ ist der Sammelname für die ehemals versumpften Küstenniederungen zwischen Cecina im Norden und Civitavecchia im Süden; heute ist es ein fruchtbares Landwirtschaftsgebiet. Der *Parco Naturale della Maremma* südlich von Grosseto erstreckt sich von den Monti dell'Uccellina bis zur Mündung des Ombrone und ist das größte Naturschutzgebiet der Toskana. Zu ihm gehört der zehn Kilometer an der Küste sich hinziehende Pinienhain von Tombolo und die malerische Pinienallee nach Marina di Alberese. Führungen werden angeboten.

MASSA ㉔ (67 000 Einwohner). Die anmutig am Ausgang des Frigidotales bei Carrara gelegene Industriestadt (Textilien, Marmor) wird beherrscht vom trutzigen *Castello Malaspina*. Im Zentrum liegt der *Palazzo Cybo Malaspina* (16. Jahrhundert) mit Doppelarkadenhof.

MASSA MARITTIMA ㉕ (10 500 Einwohner). Am Rande der Maremma gelegene alte Hauptstadt des Erzabbaugebietes der schon von den Etruskern ausgebeuteten → *Colline Metallifere*. Ein *Bergwerksmuseum* wurde in einem 700 Meter langen Schacht eingerichtet. Der Ort besteht aus der Citta Vecchia, der Altstadt (mit der von mittelalterlichen Palästen gesäumten Piazza Garibaldi und dem schönen romanisch-gotischen Dom aus dem 13. und 14. Jahrhundert), und der höher gelegenen Neustadt Citta Nuova (13.–15. Jahrhundert) mit der Piazza Matteotti und einer Festung. Im *Palazzo del Podestà*, Piazza Garibaldi, befindet sich das *Museo Archeologico*. – Etwa 16 Kilometer nordwestlich stehen noch Reste der 1218 gegründeten Zisterzienserabtei *San Galgano*, die als Geburtsort der toskanischen Gotik gilt. Sehr beachtenswert ist daneben ein romanischer Kapellenrundbau mit Fresken von Ambrogio Lorenzetti. *23*

MEDICI-VILLEN. Aus der Fülle der mediceischen Landsitze seien einige herausragende Beispiele genannt: Der älteste und traditionsreichste Landsitz der Medici ist die *Villa di Careggi* ㉖ nördlich von Florenz, einst Treffpunkt der florentinischen Kunst-Elite des 15. Jahrhunderts (Brunelleschi, Donatello, Alberti, Michelangelo, Pico della Mirandola). Hier wurde 1459 die Platonische Akademie begründet, die für die Entwicklung der italienischen Kultur wesentlich werden sollte.

PIENZA – DIE TOSKANISCHE «IDEALSTADT»

Als erste durchgehend geplante Stadtanlage der Renaissance nimmt Pienza in der Kunstgeschichte Italiens eine Schlüsselstellung ein.

Unter den weniger bekannten Sehenswürdigkeiten der Toskana verdient Pienza sicher eine besondere Erwähnung: Als die früheste europäische «Idealstadt», die nicht nur erdacht, sondern ansatzweise auch erbaut wurde.

1458 wählte das Konklave Enea Silvio Piccolomini an die Spitze der katholischen Kirche. Der Kardinal und Bischof von Siena war aber keineswegs als Kirchenmann bekannt geworden: Piccolomini, der sich nach seiner Wahl zum Papst Pius II. nannte, war vielmehr einer der berühmtesten Gelehrten seiner Zeit. Zahlreiche Abhandlungen zur Geschichte und Geographie hatte er verfaßt, Briefe und lateinische Traktate (aber auch eine erotische Erzählung), und er war lange Jahre als Diplomat unterwegs gewesen.

Dieser Intellektuelle auf dem Papstthron faßte den Entschluß, sein Heimatdorf Corsignano, südlich von Siena gelegen, in eine Musterstadt umzuwandeln.

Kurz nach seiner Wahl zum Papst kehrte Pius II. im Jahr 1459 erstmals in seinen Geburtsort zurück und erteilte die Aufträge zu dessen Umgestaltung. Als erstes wurden von seinem Architekten, dem Florentiner Bernardo Rossellino, eine neue Kirche und ein päpstlicher Palast in Angriff genommen. 1462 wurde Corsignano in Pienza («Piusstadt») umbenannt.

Der Palazzo Comunale von Pienza (oben); ihm gegenüber (unten) steht der Dom und rechts daneben der Palazzo Piccolomini, Sitz Pius' II.

Wie wir aus einem Buch wissen, in dem Pius II. seine Vorstellungen detailliert erläuterte, sollte der Palast einen Rundblick auf die toskanische Landschaft bieten. An das Haus schließt sich ein Garten an, in dem die Umgebung im kleinen wiederholt wird; der Bau ist Palast und Villa zugleich und auf den Monte Amiata hin ausgerichtet. Diesen Gedanken kann man noch heute nachvollziehen: Es gibt eine Blickachse, die vom Hauptportal durch den Hof, den anschließenden Raum mit seiner Loggia und über den Garten hinweg auf den Monte Amiata führt. Der neue Dom, neben dem Palast auf der zentralen Piazza des Ortes angeordnet, besteht wie die meisten Gebäude aus gelbem Sandstein, ihm ist jedoch eine triumphbogenähnliche Fassade aus weißem Marmor vorgesetzt. Er ist – erstaunlich für die italienische Architektur – als Hallenkirche konzipiert; wie man heute weiß, analog zu süddeutsch-österreichischen Vorbildern der Spätgotik, die Pius II. auf seinen zahlreichen Deutschlandreisen kennengelernt hatte (Landshut, Neuötting, Nürnberg). Der Papst wollte durch sehr große Maßwerkfenster vor allem die Lichterfahrung vermitteln.

Bald kamen ein neues Rathaus, dann Kardinalspaläste hinzu: Pius II. hatte wegen der Pest in Rom das kleine Pienza zur päpstlichen Nebenresidenz gemacht.

Nicht alle Bewohner des früheren Corsignano waren mit dem ausbrechenden Bauboom einverstanden. Von Anfang an hatte die Stadtregierung von Siena nur zähneknirschend die Erlaubnis zur Abholzung für das Baumaterial gegeben; nun wehrten sich auch einfachere Leute, deren Häuser abgerissen werden sollten. Für sie wurde eine eigene standardisierte Häuserzeile von zwölf (erst in den letzten Jahren identifizierten und restaurierten) Gebäuden gebaut. Der schnellen Errichtung der Bauten folgte der ebenso schnelle Rückfall des Ortes in die Bedeutungslosigkeit, als Pius II. schon 1464 plötzlich starb. Der Plan eines Krankenhauses und weiterer Paläste sowie eines Stausees am Fuß des Hügels blieb deshalb unausgeführt. *Thomas Bremer*

Die eleganteste Medici-Villa ist sicher *Poggio a Caiano* ㉗, acht Kilometer südlich von → *Prato*, die Sommerresidenz von Lorenzo I., «il Magnifico», und nach dessen Tod 1492 von seinem Sohn Giovanni, dem späteren Papst Leo X., prachtvoll ausgebaut. Die Fresken stammen von Paolo Giovio und Jacopo Pontormo.

Die *Villa di Castello* ㉘, am Fuß des Monte Morello gelegen, ist zwar nicht zu besichtigen (Sitz der 1582 gegründeten Accademia della Crusca), besitzt aber berühmte Gartenanlagen mit Labyrinth und künstlichen Grotten. Oberhalb von Castello liegt die *Villa della Petraia*; beide Bauten sind durch eine breite Allee miteinander verbunden und gehören seit 1919 dem italienischen Staat. Die Villa della Petraia war seit 1864 Residenz des Hauses Savoyen. Imposant sind die barocken Fresken des Hofraums. Beide Parks sind der Öffentlichkeit zugänglich.

Ein besonderes Merkmal des Jagdschlosses *La Ferdinanda* bei *Artimino* ㉙, acht Kilometer von Florenz entfernt, sind die zahllosen Kamine auf dem Dach. Im Inneren manieristische Fresken in reichen Stuckrahmen (Besichtigung nach telefonischer Voranmeldung möglich). Erwähnt sei schließlich die *Villa di Cafaggiolo* ㉚ im Mugello, einem beliebten Erholungsgebiet rund um den Ort Borgo San Lorenzo, von Michelozzo erbaut.

MONTALCINO (31) (6000 Einwohner). Malerischer Weinort südlich von Siena über dem Orcia- und Ombronetal gelegen, mit mächtigen Festungsmauern und Türmen. Zehn Kilometer südlich die *Abbazia di S. Antimo*, einst reichste Abtei der Toskana, mit romanischer Kirche. *22, 23*

MONTECATINI TERME (32) (22 000 Einwohner). Berühmtester Kurort und größtes Thermalzentrum Italiens; an der Autobahn Lucca – Florenz gelegen. Die eleganten und üppig ausgestatteten Kuranlagen (etwa die Wandelhallen der Thermen »Leopoldina«, »Regina«, »Tettuccio« und das »Excelsior«) vermitteln das Flair der Belle Epoque. Giuseppe Verdi weilte von 1882 bis 1900 jährlich hier zur Kur. *47*

MONTE OLIVETO MAGGIORE (33). Eine der meistbesuchten Sehenswürdigkeiten der Toskana. 1313 auf einem Lehmrücken der Crete, der baumlosen Hügelketten, gegründete Benediktinerabtei, 35 Kilometer südöstlich von Siena in der Gegend der berühmten Terrakotta von Asciano. Mutterkloster der Olivetaner mit kostbarer Ausstattung. Die mittelalterliche Klosterkirche wurde 1772 barockisiert und besitzt ein wunderbares intarsiengeschmücktes Chorgestühl. Von den drei Kreuzgängen ist der große Kreuzgang mit 36 Fresken von Luca Signorelli und Antonio Bazzi, genannt »il Sodoma«, am eindrucksvollsten. Von den Mönchen wird seit 1954 auch eine Restaurierungswerkstatt für Pergament und Inkunabeln betrieben. *23*

MONTEPULCIANO (34) (14 200 Einwohner). Städtchen in einem der bekanntesten Weinanbaugebiete der südöstlichen Toskana. Das Stadtbild ist von Renaissancebauten bestimmt, darunter viele Palazzi. An der *Piazza Grande* liegt der *Dom* (1592–1630); weitere Kirchen sind *S. Agnese* und *S. Agostino*. Zwei Kilometer unterhalb des Ortes führt eine Zypressenallee zu einem der wichtigsten Zentralbauten der Renaissance, der sehenswerten Kirche *S. Biagio*, von 1518 bis 1529 von Antonio da Sangallo erbaut. *54/55*

MONTERIGGIONI (35) (7000 Einwohner). 14 Kilometer nordwestlich von Siena gelegen, ruht das Dorf, umgeben von einem 570 Meter langen Mauerring mit 14 Türmen, wie eine Vision aus Dantes »Inferno« auf einem Hügel. Es diente Siena im 13. Jahrhundert zur Verteidigung gegen die florentinischen Expansionspläne. *66/67*

PIENZA (36) am Rand der Crete, über dem Tal der Orcia, ist eine der interessantesten Städte Italiens (2600 Einwohner). Papst Pius II. ließ ab 1458 seinen Geburtsort, der damals noch Corsignano hieß, zu einer Idealstadt der Renaissance umformen; noch heute vermittelt das Zentrum den Eindruck eines zu Stein gewordenen Musterbuchs der Renaissancearchitektur (*siehe Seite 68*). Nur wenige Kilometer von Pienza entfernt liegt die typisch toskanische Kleinstadt *S. Quirico d'Orcia*, deren romanische Kirche mit Bauplastik aus dem 12. Jahrhundert verziert ist. *11*

Benedikt läßt auf Bitten seiner Mönche eine Quelle entspringen: Fresko in Monte Oliveto Maggiore.

PIETRASANTA (37) (26 000 Einwohner). Hauptort der Küstenlandschaft → *Versilia* zwischen → *Carrara* und → *Viareggio* und Zentrum der Marmorverarbeitung. Sehenswert sind der malerische Domplatz, der Dom (13. Jahrhundert), die Kirche S. Agostino (14. Jahrhundert) und der Palazzo Pretorio (16. Jahrhundert). In der Nähe die Marmorbrüche von *Seravezza*.

Wandmalereien in Pisas Camposanto-Museum.

PISA (38). Am Arno gelegene Hauptstadt der gleichnamigen Provinz, alte Universitätsstadt und Erzbischofssitz mit 105 000 Einwohnern. Ehemals römischer Flottenstützpunkt, lag Pisa an einer schiffbaren Lagune, die aber ab dem 13. Jahrhundert versandete; heute ist die Stadt zehn Kilometer vom Meer entfernt. Pisa war vom 11. bis zum 13. Jahrhundert führend in der Baukunst Mittelitaliens und Wirkungsstätte der berühmten Künstlerfamilie Pisano; außerdem ist es Geburtsort des Malers Antonio Pisanello (1395–1455) und des Naturforschers Galileo Galilei (1564–1642).
Wer von der Aurelia herkommend, durch die Porta S. Maria nach Pisa fährt und dann den *Campo dei Miracoli* genannten Domplatz unmittelbar vor sich sieht, wird verstehen, daß dieser Platz als einer der eindrücklichsten Punkte der Welt gilt: Symbol des Glaubens und der Macht der republikanischen Stadt. Das strahlende Weiß des Marmors aus S. Giuliano, womit die vier Architekturwunder verkleidet sind, konkurriert mit dem Grün des Rasens und dem Blau des Himmels. Das unvergleichliche Ensemble besteht aus dem fünfschiffigen *Dom* im eigenständigen Stil der Pisaner Romanik (1063–1118 erbaut) mit 68 antiken Säulen und einer Kanzel von Giovanni Pisano im Inneren, dem 1152 begonnenen *Baptisterium* mit Marmortaufbecken (1246) und einer Kanzel von Nicola Pisano, dem runden, 58 Meter hohen *Campanile* (wegen Senkung des Sandbodens nach Süden geneigt und *Schiefer Turm* genannt; *siehe auch Seite 71*) und dem gotischen *Camposanto* (1278 begonnen), früher Friedhof, heute Museum.
Pisa hat eine großzügige Altstadt und einen der lebendigsten Märkte der Toskana. Von den zahllosen Kirchen aus Mittelalter und Renaissance seien erwähnt die Domi-

nikanerkirche S. Caterina, S. Francesco, S. Michele in Borgo, S. Nicola, S. Paolo a Ripa d'Arno (Domkopie), S. Stefano dei Cavalieri und S. Zeno (älteste Kirche Pisas). Ein gotisches Juwel, das wie ein vergrößerter Reliquienschrein wirkt, ist S. Maria della Spina (1323). Im ehemaligen

Kloster S. Matteo befindet sich das Nationalmuseum (Lungarno Mediceo). Schönster Profanbau der Stadt ist der ganz mit Sgraffitti überzogene *Palazzo dei Cavalieri* (1562 von Giorgio Vasari umgebaut) am gleichnamigen Platz, den man durch den *Palazzo dell'Orologio* erreicht.
Auf dem Weg zu den beliebten Badeorten *Marina di Pisa* und *Tirrenia* liegt die romanische Basilika *S. Piero a Grado* – dort soll der heilige Petrus an Land gegangen sein. Ein Besuch der prunkvollen barocken *Certosa di Pisa* in *Calci* ist lohnend. *48/49*

PISTOIA ㊴ (94 800 Einwohner). Hauptstadt der gleichnamigen Provinz, 35 Kilometer nordwestlich von Florenz, am Ombrone zu Füßen des Apennin gelegen. Die Stadt ist reich an mittelalterlichen Bauten, besonders aus der romanischen Zeit: S. Andrea besitzt eine 1301 vollendete reliefgeschmückte Kanzel von Giovanni Pisano, S. Giovanni Fuorcivitas eine ähnliche Kanzel und ein Weihwasserbecken desselben Künstlers, S. Bartolomeo in Pantano eine Kanzel von Guido da Como aus dem Jahr 1250. Im Dom (12./13. Jahrhundert) kann der *silberne Altar* des heiligen Jakobus mit 628 Figuren (13.–15. Jahrhundert) bewundert werden. Das marmorverkleidete Baptisterium wurde nach Plänen von Andrea Pisano 1338 bis 1359 erbaut. Gotische Kirchen sind S. Domenico, S. Francesco und S. Paolo. Im gleichfalls gotischen *Palazzo del Comune* hat das Museo Civico seinen Sitz. Aus der Renaissance stammt die Arkadenfront des 1277 gegründeten *Ospedale del Ceppo* mit einem farbenprächtigen Terrakottafries aus der Werkstatt der Familie della Robbia.

PITIGLIANO ㊵. Malerisches Städtchen auf steiler Tuffsteinkante gebaut mit nur 4800 Einwohnern. Neben zahlreichen etruskischen Felsgräbern sind der Dom und der Palazzo Orsini sehenswert. *29*

POPULONIA ㊶ (200 Einwohner). Am Golf von Baratti bei Piombino gelegen, war der Ort das wichtigste Eisenhüttenzentrum der Antike (*siehe auch Seite 28*). Die meisten der etruskischen Ausgrabungsfunde aus den beiden Nekropolen San Cerbone und Porcareccia befinden sich im Museo Archeologico in Florenz, manches aber auch im örtlichen *Museo Civico.*

PRATO ㊷. Bischofssitz in der Provinz Florenz mit 160 000 Einwohnern. Prato ist ein Zentrum der Herstellung von Wolle und gilt als »italienisches Manchester« (im Museo del Tessuto kann man alles über Stoffe und ihre Bearbeitung erfahren). Die Stadt wird überragt von dem imposanten *Castello dell'Imperatore,* das um 1240 von Kaiser Friedrich II. im Stil sizilianischer Stauferburgen errichtet wurde. Der romanisch-gotische *Dom* mit einer Marmorfassade des 15. Jahrhunderts und einer originellen Außenkanzel mit Baldachin vereinigt Werke von Michelozzo, Donatello, Pisano und Fra Filippo Lippi und gilt als eine der schönsten Kirchen der Toskana. Auch das Dommuseum ist einen Besuch wert. *S. Maria delle Carceri,* ein Zentralbau, gehört zu den Hauptwerken der italienischen Frührenaissance. Im gotischen Palazzo Pretorio befindet sich eine Gemäldegalerie. Prato besitzt im *Centro per l'arte contemporanea Luigi Pecci* die größte Sammlung moderner Kunst in der Toskana (Viale della Repubblica).

SAN GIMIGNANO ㊸ (7500 Einwohner) in der Provinz Siena ist mit Florenz durch die Via Chiantigiana verbunden.

Jenseits des Elsatales inmitten sanfter Hügel und Getreidefelder erhebt sich die mauerumringte Stadt, mit Toren, die ihr mittelalterliches Aussehen noch fast unverändert bewahrt haben. Von den einst 72 hohen quadratischen Geschlechtertürmen, wehrhaften Monumenten eines oft verhängnisvollen Familienstolzes, sind heute noch 15 erhalten (*siehe Seite 33*). Mittelpunkt der Stadt ist die *Piazza della Cisterna.* Neben dem Rathaus (Palazzo del Popolo) mit Loggia, 54 Meter hohem Turm und einer Kunstsammlung liegt die romanische *Collegiata S. Maria Assunta.*

Links oben: Andrea della Robbia (1435 bis 1525) schuf das Marienrelief und die Majolika-Kassetten in der Mitte der Vorhalle des Doms San Zeno von Pistoia.

Unten: Blick vom schattenwerfenden Rathausturm auf die Piazza del Campo von Siena, die für den «Palio» hergerichtet wird.

Oben: «Manhattan des Mittelalters» wird das vieltürmig aufragende San Gimignano heute gern genannt.

Die Basilika ist vollständig mit Fresken ausgemalt, darunter das eindrucksvolle Jüngste-Gericht-Fresko von 1393. Ein Marmorpavillon aus der Frührenaissance mit Fresken von Domenico Ghirlandaio ist der heiligen Fina (1238–1253) als Kapelle gewidmet. Vom Domplatz aus sollte man durch die pittoreske, palastgesäumte Via S. Matteo zur Piazza S. Agostino, mit charakteristischer Fischgrätenpflasterung, gehen. Dort liegt das *Augustinerkloster*, in dessen reich mit Malereien ausgestatteter gotischer Kirche ein Freskenzyklus von Benozzo Gozzoli, von 1463 bis 1465 geschaffen, der kostbarste Schatz ist. Wegen einer Besichtigung wende man sich an die Augustinermönche, die dem Besucher vielleicht auch ein Verweilen in ihrem schönen Kreuzgang mit seinen vollendeten Proportionen gestatten. Sie sind auch für die gegenüberliegende romanische Kirche S. Pietro (Malereien der Sieneser Schule) zuständig. *16/17, 58*

SATURNIA ㊹. Einer der ältesten Kurorte im Inneren der Maremma, an der römischen Via Clodia. Der Ort ist bekannt wegen seines Thermalflusses und der «Cascate di Saturnia», einem Wasserfall mit konstanter Temperatur von 37,5 Grad. *73*

SIENA ㊺. Hauptstadt der gleichnamigen Provinz und Erzbischofssitz mit 66 000 Einwohnern. Siena ist die «gotischste» Stadt Italiens. Einst mächtige Rivalin von Florenz, hat sie ihr mittelalterliches Erscheinungsbild mit verwinkelten Straßen, Brunnen und Toren fast unversehrt erhalten. (Charakteristische Straßenzüge sind Via Banchi di Sopra, Via di Città, Via della Galluzza, Via Bandini.) Siena ist nach Florenz die kunstreichste Stadt der Toskana, eine Stadt aus Ton und Backstein. Hier wurde 1347 die heilige Katharina geboren, die Schutzpatronin Italiens (Sanktuarium im Vicolo del Tiratoio 8).

Rechts: Die roten Ziegeldächer der Sieneser Altstadt erhöhen noch die Wirkung der prunkvollen Marmorverschalung des Doms und seines auffälligen Campanile.

Mittelpunkt der Stadt ist die mit roten Ziegeln bepflasterte muschelförmige *Piazza del Campo*, die 1347 ihr heutiges Gesicht erhielt. Hier stehen der Palazzo Sansedoni und der Palazzo Pubblico (1297–1342 erbaut) mit seinem markanten 102 Meter hohen «Torre del Mangia» genannten Turm (1338–1348 erbaut), von dem aus sich ein Blick lohnt. Wer länger auf diesem unver-

SCHIEF WAR PISAS TURM SCHON IMMER

Für die Touristen ist er die größte Attraktion, den Stadtoberen bereitet er Kopfzerbrechen: Der stolze Turm auf dem Domplatz der Arno-Stadt ist nicht nur wegen seiner Schönheit berühmt.

Daß er einmal Probleme machen würde, damit müssen schon seine Bauherren gerechnet haben: Denn der Baugrund, auf dem der Campanile des Doms von Pisa errichtet werden sollte, war, wie in Venedig und Ravenna auch, das Schwemmland einer Lagune und daher mit schweren Gebäuden nur begrenzt belastbar – und zudem durchfließt auch noch der Arno das Gelände.

1173 wagte man es trotzdem; vorsichtshalber im August, dem Monat, in dem der Grundwasserstand am niedrigsten ist und man ein künstliches Fundament am ehesten aufschütten konnte. Die Treppe wurde, möglicherweise ebenfalls bereits als Vorsichtsmaßnahme, an die Außenseite des Baus verlegt; nach innen ist der Schiefe Turm hohl. Deswegen kann er sich auch nur im Ganzen neigen, wegen der ringförmigen Bauweise auf einem ebenso geformten Fundament sich aber nicht in sich verziehen und auch nicht etwa nach innen einstürzen.

Acht Jahre nach Baubeginn war der Turm bis zum dritten Stock errichtet, gab aber bereits erkennbar nach. Die folgenden drei Stockwerke versuchten dies zu korrigieren und setzen jeweils wieder im Lot an, doch war die Neigung bis 1284, hundert Jahre nach Baubeginn, auf mehr als 90 Zentimeter gewachsen. 1817 hing der Turm 3,80 Meter über der Vertikalen, heute sind es mehr als 4,80 Meter – nach einem letzten Schub infolge gutgemeinter, aber fehlgeschlagener Bodensanierungen Ende der fünfziger und Mitte der sechziger Jahre unseres Jahrhunderts.

Als Pisa noch ländlich war (Stahlstich von 1847).

Allerdings steht der «Torre pendente», wie ihn die Italiener nennen, damit keineswegs allein: Schief sind in Pisa auch der Dom und die Kirche San Nicola, und die Neigung des schieferen der beiden schiefen Geschlechtertürme in der Innenstadt von Bologna ist größer als die des Pisaners. Und andererseits kann man in Pisa sogar noch zufrieden sein: Der «Turm von Venedig», der Campanile des Markusdoms, hat irgendwann der Belastung nicht mehr standgehalten; 1902 ist er spektakulär zusammengefallen …

Inzwischen ist der Schiefe Turm, der 1989 vor seiner Schließung knapp eine Million Besucher anzog, wieder für die Touristen geöffnet; allerdings dürfen ihn nur zwanzig Personen pro halbe Stunde betreten. Durch das Anhängen von tonnenschweren Bleigewichten konnte die Neigung des Turms 1993/94 um knapp zwei Zentimeter verringert werden (*siehe auch Seite 48/49*). *Thomas Bremer*

gleichlichen Platz verweilt, dem wird er wie eine riesige Sonnenuhr erscheinen, zu welcher der Turm den Schattenstab abgibt. Das Museum im Palazzo Pubblico enthält die bedeutendsten Werke der *Malerschule von Siena*, deren Blütezeit vom letzten Drittel des 13. bis zur Mitte des 14. Jahrhunderts reicht. Die bekanntesten Vertreter sind Duccio di Buoninsegna, Simone Martini (von ihm stammt das erste gemalte Reiterdenkmal, 1328) und die Brüder Lorenzetti. Hinter dem Palazzo Pubblico erstreckt sich die ovale, malerische Piazza del Mercato.
Eine weitere Hauptsehenswürdigkeit ist der außen und innen marmorverkleidete *Dom* (12.–14. Jahrhundert). Seine Fassade ist jener des Doms in Orvieto nachgebildet. Einzigartig ist der in 56 Felder eingeteilte Marmorfußboden, dessen Intarsien und Sgraffitti 200 Jahre lang über 40 Künstler beschäftigten. Unter der Apsis befindet sich anstelle einer Krypta das reich freskierte Baptisterium mit einem Taufbecken des Sieneser Bildhauers Jacopo della Quercia. Dem überwältigenden Raumeindruck des Doms ist die Kanzel von Nicola Pisano (1267) ebenbürtig. In der *Libreria Piccolomini*, der Dombibliothek, ab 1502 vollständig von Pinturicchio ausgemalt, finden wir eines der vollkommensten Beispiele für die malerische Ausschmückung eines Profangebäudes (Zugang vom linken Seitenschiff aus, mit prächtiger Marmorschaufront). 1339 wurde ein gewaltiger Neubau begonnen, zu dem der bestehende Dom das Querschiff bilden sollte. Das ungeheure Projekt wurde nach dem verheerenden Pestjahr 1348 eingestellt. Erhalten blieb die unvollendete Fassade des geplanten Neubaus, der «Facciatone», und das rechte Seitenschiff, das das *Dommuseum* mit dem ehemaligen Hochaltarbild, der Maestà von Duccio (1311), birgt.

Siena besitzt viele Kirchen mit bedeutenden Fresken und Gemälden, so beispielsweise S. Domenico, S. Francesco, S. Agostino und S. Maria dei Servi, und auch an gotischen Palästen ist die Stadt besonders reich. Im Palazzo Buonsignori ist die Staatliche Pinakothek untergebracht (Via S. Pietro 29); im Palazzo Chigi-Saracini, dessen krummer Verlauf sich (wie öfter in Siena zu beobachten) der gewundenen Straße anpaßt, befinden sich die Musikakademie und eine wertvolle Instrumentensammlung. Der Palazzo Piccolomini beherbergt heute das Staatsarchiv, das eine seltene Sammlung bemalter Bucheinbände besitzt (Via Banchi di Sotto 52). Die Piazza Salimbeni wird von drei bedeutenden Palastbauten umrahmt: den Palazzi Salimbeni, Spannocchi und Tantucci. In ihnen hat die älteste italienische Kreditanstalt, «Monte dei Paschi di Siena», ihren Sitz, die 1264 gegründet wurde. Das Archäologische Nationalmuseum ist in der Via della Sapienza 3 zu finden.
Schöne Ausblicke auf Siena hat man von der Medici-Festung und vom sieben Kilometer südlich inmitten eines Steineichenparks gelegenen *Castello di Belcaro*. *4/5, 12, 13, 14, 15, 52/53, 78*

In Volterra begann man 1950, das zu ergraben, was vom augusteischen Teatro Romano geblieben ist.

VERSILIA (46) heißt die 165 Quadratkilometer große Küstenregion in der Provinz Lucca mit mondänen Badeorten wie Forte dei Marmi, Marina di Pietrasanta, Lido di Camaiore und → *Viareggio*. Weiße Sandlandschaften, umrandet von Pinienwäldern, sind hier typisch; in der Nähe liegen die Olivenhaine von Massarosa.

VIAREGGIO (47) ist mit 60 000 Einwohnern das größte und eleganteste Seebad der tyrrhenischen Küste. Die eindrucksvollsten Bauten der Jahrhundertwende stehen am Viale Regina Margherita. Das Lieblingslokal des Komponisten Giacomo Puccini, der im nahegelegenen Dorf Torre del Lago lebte und starb (Villa und Grab sind dort zu besichtigen), war das Gran Caffè Margherita. Seit 1873 findet in Viareggio alljährlich ein äußerst populärer Karnevalsumzug statt. Der Lago di Massaciuccoli lädt zu Bootsfahrten ein.

VOLTERRA (48). Bischofssitz in der Provinz Pisa mit 15 800 Einwohnern. Weithin sichtbar thront die Stadt auf einer 555 Meter hohen Erhebung inmitten des toskanischen Hügellands. Wild zerklüftete Formationen, die «balze», liegen am Rand der Stadt (*siehe auch Seite 13*). Volterra gehörte dem etruskischen Zwölfstädtebund an (damals Velathri genannt); aus dieser Zeit sind Gräber, Mauerreste, der 2300 Jahre alte Arco Etrusco und Teile eines Tempels erhalten; aus römischer Zeit stammen die Reste eines Theaters.
Volterra ist für seine Alabasterprodukte bekannt (mehr als 100 Betriebe); Zentrum der Werkstätten ist die Via Porta dell'Arco. Alabaster ist in frisch gebrochenem Zustand mit Werkzeugen der Holzschnitzerei zu bearbeiten; seine Weichheit gibt den Produkten (meist verkleinerte Nachbildungen berühmter Bau- und Kunstwerke) den charakteristischen Schmelz der Oberfläche. Schon in der Antike wurde dieses Material gern für kleine Gefäße (Alabastron), Reliefs und Figürchen verwendet.
Mittelpunkt der Stadt ist die *Piazza dei Priori*, einer der schönsten Plätze Italiens, mit den Palästen Pretorio und dei Priori (mit zinnenbekrönter «Torre del Podestà») aus dem 13. Jahrhundert. Der romanische *Dom* (innen im 16. Jahrhundert verändert; Marmorciborium von Mino da Fiesole, 1471) bildet mit dem Baptisterium (13. Jahrhundert; Taufbecken von Andrea Sansovino, 1502) und dem Campanile von 1493 ein malerisches Ensemble. In der Cappella della Croce an der gotischen Kirche S. Francesco ist ein Freskenzyklus aus der Kreuzlegende von 1410 sehenswert.
Im ältesten Museum für etruskische Kunst, dem *Museo Etrusco Guarnacci* (1761 gegründet), befindet sich eine bedeutende Sammlung von über 600 Aschenurnen, meist aus Alabaster, und die bekannte Bronzestatuette «Ombra della Sera» aus dem 2. Jahrhundert v. Chr. (Via Don Minzoni 11); das *Diözesanmuseum* mit Werken kirchlicher Kunst ist ebenfalls sehenswert. Von überregionaler Bedeutung ist die Sammlung toskanischer Malerei des 14. bis 17. Jahrhunderts im Palazzo Minucci-Solaini (Via Buonparenti).
Der ausgedehnte Festungskomplex am Ostrand der Altstadt ist nicht mehr zu besichtigen, da er eine Strafanstalt birgt. In der Nähe von Volterra liegt das landschaftlich überaus reizvolle *Val di Cecina*.

Bei Saturnia in der Maremma. Zur Erfrischung im Sommer ist ein Bad am Wasserfall des kleinen Kurortes, der «Cascate di Saturnia», wenig geeignet, denn das Wasser hat Körpertemperatur – aber Spaß macht's doch.

Die eindrucksvolle Pinienallee nach Marina di Alberese gehört zum größten Naturschutzgebiet der Toskana, dem Parco Nationale della Maremma.

Von der Piazzale Michelangelo aus hat man den schönsten Blick über die Stadtanlage, die Türme und Kuppeln von Florenz.

Sienas Taufkirche San Giovanni wurde im 14. Jahrhundert als Unterkirche des Doms ausgeführt.

Hubert Stadler, geboren 1954. Freier Fotograf mit regelmäßigen Veröffentlichungen in Reisezeitschriften und Reiseführern. Im Verlag C.J. Bucher u.a. Bildautor von Begegnung mit dem Horizont «Galapagos», «Grönland». Lebt in Fürstenfeldbruck.

Weitere Titel aus dieser Reihe:

TEXTNACHWEIS

Curzio Malaparte: Verdammte Toskaner. Aus dem Italienischen von Hellmut Ludwig. Reinbek bei Hamburg, Rowohlt Verlag 1970: S. 20.
Michel de Montaigne: Gesammelte Schriften. Historisch-kritische Ausgabe mit Einleitungen und Anmerkungen unter Zugrundelegung der Übertragung von Johann Joachim Bode herausgegeben von Otto Flake und Wilhelm Weigand. Reisetagebuch. München und Berlin, Verlag Georg Müller 1915: S. 20.
Lady Morgan: Italien. Weimar, Verlag des Landes-Industrie Comptoirs 1821: S. 21.
Stendhal: Rom, Neapel und Florenz. Berlin, Rütten und Loenig Verlag 1964: S. 1.

Den Informationskasten «Weißer Marmor für ‹Il Gigante›», Seite 63, schrieb die Kunsthistorikerin Dr. phil. Sabine Mertens. Frau Mertens lebt als freie Journalistin und Autorin in Wiesbaden.

BILDNACHWEIS

Giulio Andreini, Siena: S. 12 (2), 13, 28 o. und M. rechts und u., 50, 68 (2).
Archiv für Kunst und Geschichte, Berlin: S. 34 (2), 71.
Archivi Alinari, Florenz: S. 20 (4).
Bildarchiv Foto Marburg, Marburg: S. 45.
Bruckmann Verlag, München: S. 63 u.
Joachim Hellmuth, München: S. 2/3, 38, 44, Umschlag-Rückseite o.r.
Claudia Rehm, München: S. 39, 41.
Peter Schmid, München: S. 56.
Martin Thomas, Aachen: S. 62 u., 67 u. 72.

Alle übrigen Fotos stammen von Hubert Stadler, Fürstenfeldbruck.

Die Karten auf Seite 57 und 65 zeichnete Astrid Fischer-Leitl, München.

Seite 1: Florentinerinnen vor dem Ponte Santa Trinità
Vor- und Hintersatz: Villa Garzoni in Collodi

Wir danken allen Rechteinhabern für die Erlaubnis zu Nachdruck und Abbildung. Trotz intensiver Bemühungen war es nicht immer möglich, alle Rechteinhaber zu ermitteln. Wir bitten diese, sich an den Verlag zu wenden.

Alle Angaben dieses Bandes wurden von den Autoren sorgfältig recherchiert und vom Verlag auf Stimmigkeit und Aktualität geprüft. Allerdings kann keine Haftung für die Richtigkeit der Informationen übernommen werden. Für Hinweise und Anregungen sind wir jederzeit dankbar. Zuschriften bitte an Verlag C.J. Bucher, Lektorat, Goethestraße 43, 80336 München.

REISEN IN EUROPA · TOSKANA

Konzeption: Axel Schenck
Lektorat: Katrin Ritter, Barbara Schnabel
Bildgestaltung: Joachim Hellmuth
Bilddokumentation: Susanne Böttcher
Graphische Gestaltung: Angela Drees
Herstellung: Kristina Kaiser, Angelika Kerscher

Technische Produktion: Fotosatz Ressemann, Hochstadt; Repro Ludwig, A-Zell am See; Bentrup Druck, Bielefeld

Printed and bound in Germany
ISBN 3 7658 1017 7

Thomas Bremer, geboren 1954 in Essen. Nach Studium und Promotion zahlreiche Veröffentlichungen zu Italien. Lehrt heute Romanische Literaturwissenschaft in Halle. Lebt dort und in Berlin.

Eva Christina Vollmer, geboren in Frankfurt/Main. Studium der Kunst- und Musikgeschichte sowie der Germanistik; Promotion. Arbeitet als freie Autorin und Musikpädagogin. Lebt in Wiesbaden.

Zwei große europäische Kunstthemen:

Die Nationen Europas

ISBN 3-7658-0737-0

ISBN 3-7658-0961-6

ISBN 3-7658-0863-6

ISBN 3-7658-0942-X

ISBN 3-7658-0888-1

ISBN 3-7658-0923-3

ISBN 3-7658-0859-8

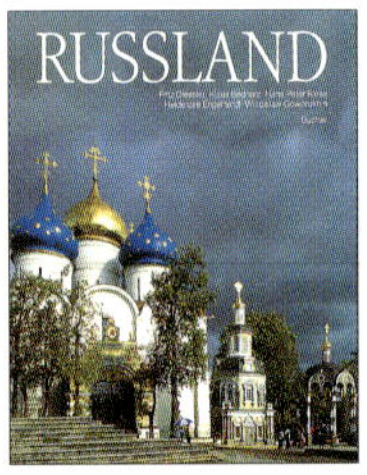

ISBN 3-7658-0803-2

ISBN 3-7658-0878-4

ISBN 3-7658-0943-8

ISBN 3-7658-0762-1

ISBN 3-7658-0813-X

Alle Bände 160 Seiten. Durchgehend farbig, mit historischer Bilddokumentation, Karten, Themen-Essays. Mit farbigem Schutzumschlag.

BUCHER
Maßstab für Bildbandqualität

Seit ihrer Unabhängigkeit 1991 wieder im Blickfeld, gelten Estland, Lettland und Litauen noch als Geheimtip. Estland lockt mit einsamen Mooren, pittoresken Ostseeinseln und unberührten Stränden, Lettland mit Herrensitzen und einst mächtigen Burgen. Litauen lädt zu einem Besuch der einzigartigen Kurischen Nehrung ein, zu Streifzügen durchs Memelland. Attraktive Ziele sind auch die traditionsreichen Hauptstädte Tallinn, Riga und Vilnius.

Sehnsuchtsland sonnenhungriger Urlauber und wißbegieriger Bildungsreisender, Ferienparadies und klassisches Kulturland Europas: Italien lockt mit seinen Landschaften, von den schneebedeckten Alpen im Norden bis zu den Orangenhainen Siziliens. Altehrwürdige Städte wie Rom, Florenz oder Venedig hüten einen unermeßlichen Kunstschatz aus zwei Jahrtausenden. Und wer ließe sich nicht mitreißen von der vielgerühmten «Italianità», jener Begabung, sich sinnenfroh den schönen Seiten des Lebens zuzuwenden?

Ein kleines Land mit einer großen, weltweit bekannten Tradition im Fremdenverkehr: Die Schweiz, im Sommer wie im Winter erlebnisreiches Reiseziel mit herrlicher Bergwelt und vielen großen Seen, mit idyllischen Dörfern und eleganten Städten. Hier, an der Schnittstelle deutscher, französischer und italienischer Einflüsse, findet man Lebensart, Kunst und Kultur von ebenso großer Vielfalt, wie sie die Landschaften zwischen Basel, Lausanne und Lugano bieten.